청중의 마음을 사로잡고 두뇌를 깨우는
스팟 101

청중의 마음을 사로잡고 두뇌를 깨우는
스팟 101

1판 1쇄 발행 2017. 8. 11.
1판 3쇄 발행 2020. 1. 26.

지은이 이영민
기획 한국청소년리더십센터(이재용)

발행인 고세규
편집 성화현 | 디자인 조명이
발행처 김영사
등록 1979년 5월 17일 (제406-2003-036호)
주소 경기도 파주시 문발로 197(문발동) 우편번호 10881
전화 마케팅부 031)955-3100, 편집부 031)955-3200 | 팩스 031)955-3111

값은 뒤표지에 있습니다.

ISBN 978-89-349-7845-9 14370
     978-89-349-7864-0 (세트)

홈페이지 www.gimmyoung.com   블로그 blog.naver.com/gybook
페이스북 facebook.com/gybooks   이메일 bestbook@gimmyoung.com

좋은 독자가 좋은 책을 만듭니다.
김영사는 독자 여러분의 의견에 항상 귀 기울이고 있습니다.

이 도서의 국립중앙도서관 출판시도서목록(CIP)은 서지정보유통지원시스템 홈페이지
(http://seoji.nl.go.kr)와 국가자료공동목록시스템(http://www.nl.go.kr/kolisnet)에서
이용하실 수 있습니다.(CIP제어번호 : CIP2017018110)

이영민 지음

청중의 마음을 사로잡고 두뇌를 깨우는

스팟 101

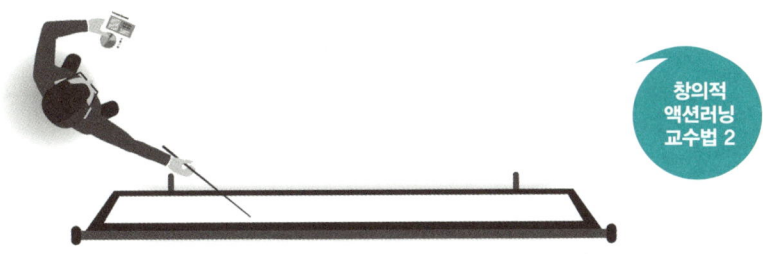

창의적
액션러닝
교수법 2

김영사

머리말 1 창의적 액션러닝 교수법의 세계로 초대합니다 · · · · · · · · · · · 12
머리말 2 창의적 액션러닝 교수법의 효과 · 17
머리말 3 수업과 강의에 액션러닝 교수법 도입하기 · · · · · · · · · · · · · 19

① 스팟팅을 하기 전에-세렌디피티! 무슨 뜻인지 아세요? · · · · · · · · 23

1부
스팟, S·P·O·T의 이해

스팟, 액션러닝 교수법의 정수 · 26
  ② 스팟 기법이란 무엇인가? · 28
  ③ 당신에게 스팟이란 무엇인가? · 30
  ④ 교육 프로그램 진행 시 스팟 기법 – 자신감 · · · · · · · · · · · · · · · 35

스팟의 네 가지 요소 S·P·O·T · 37
  ⑤ Short – 짧고, 간결한 스팟팅으로 시작하라 · · · · · · · · · · · · · · · · · 38
  ⑥ Paradigm Shift – 고정관념을 깨고 학습자들을 자연스럽게 강의에 몰입하게
    하는 스팟을 활용하라 · 41
    Open minded – 스팟의 기본 목표는 참가자의 마음을 여는 것이다 · · · · · · · · 43
    Taste – 참가자들의 욕구를 자극하는 맛보기 스팟을 적극 활용하라 · · · · · 45

스팟의 효과적인 진행 방법 · 46

스팟 자료 모으기 · 49
　⑦ 자신의 분야와 다른 세미나, 강의에 참석하라 · · · · · · · · · · · · · · · · 51

스팟 아이디어 발상을 위한 기본자세 · 55
　⑧ 새로운 문제의식의 패러다임을 가져라 · 57
　　정보를 주는 스팟팅을 하라 · 60
　　경험의 학교에서 계속 배워라 · 62
　　모방하라! 모방하라! 그리고 창조하라! · 64
　　읽고 또 읽어라! 모든 지도자는 독서광이다! · · · · · · · · · · · · · · · · 66
　　상상하라! 그리고 꿈꿔라! 최고의 강의를! · · · · · · · · · · · · · · · · · · 69

스팟 기법 선택의 5P · 73

스팟을 통한 기대 효과 · 79

누가 스팟을 가장 필요로 하는가? · 82
　⑨ 누가 스팟을 가장 필요로 하는가? · 83

2부
스팟의 세계에 오신 것을 환영합니다

고전적인 스팟 · 92
　⑩ 강사들이 가장 일반적으로 사용하는 기본기, 스팟 · · · · · · · · · · 93
　⑪ 고전이지만 놓치기 아까운 스팟 · 95

스팟의 시작, 오프닝 스팟 · 97

- ⑫ 잘 선택한 좋은 음악을 준비하라 · 100
- ⑬ 밝고 건강하게 인사하며 시작하는 것도 좋은 방법이다 · 102
  - 강의나 모임을 시작하기 전에 무엇인가에 몰입하게 하라 · 104
- ⑭ 명함 교환의 시간을 준다 · 105
- ⑮ 기분 전환을 위한 퀴즈 · 106
- ⑯ 스티커 학습법을 활용해 관심을 집중시켜라 · 109
- ⑰ 이름표를 이용한 스팟팅 · 111
- ⑱ 포스트잇으로 자기소개하기 · 112
- ⑲ 프리 오프닝 스팟 · 114
- ⑳ 퀴즈로 시작해서 퀴즈로 마무리하기 · 116
- ㉑ 스토리 스팟으로 오프닝 해서 스토리 스팟으로 클로징 하기 · 118
- ㉒ 시로 열고 시로 닫기 · 121
- ㉓ 그림을 보면서 시작하고 마무리하기 · 124
- ㉔ 노래로 시작해 함께 노래 부르기로 마무리하기 · 126
  - 영화 보기로 시작해 영상으로 마무리하기 · 128
  - Activity로 시작해서 놀이 활동으로 상호 교류하며 마무리하기 · 129
- ㉕ 속담과 격언, 명언을 사용해 시작하고 마무리하기 · 131
- ㉖ 관찰력 게임 – A · 134
- ㉗ 관찰력 게임 – B Three Things Change · 136
- ㉘ 카피를 이용한 커뮤니케이션 게임, 카피 스팟 · 138

퀴즈 & 퍼즐 스팟 Quiz & Puzzle Spot · 141

- ㉙ 유머, 난센스 퀴즈 44가지 · 144
- ㉚ 주어진 단어의 공통점 찾기 · 148
- ㉛ 숫자 퍼즐 Numbers Puzzle · 149
- ㉜ 단편적 사고 뛰어넘기 · 151
- ㉝ 16개의 정사각형 Sixteen Squares · 153
- ㉞ 더 중요한 것 찾기 · 156
- ㉟ 쉬어 가는 퀴즈 · 159
- ㊱ 알파벳 6개 vs Six letters · 160

- ③⑦ 고사성어를 이용한 퀴즈 스팟 故事成語 ········· 162
- ③⑧ 있다, 없다 퀴즈 ········· 168

게임 스팟 Game Spot ········· 172

- ③⑨ 핸드 게임 손가락 잡기 ········· 178
- ④⓪ 핸드 게임 집어! 놔! ········· 180
- ④① 가위바위보 게임 ········· 182
- ④② 케이크 자르기 ········· 185
- ④③ 박수 게임 모음 ········· 186
- ④④ 주먹 탑 쌓기 ········· 190
- ④⑤ 유머 스팟 Humor Spot ········· 191
- ④⑥ 건강한 웃음과 자신감을 주는 자부심 박수 ········· 196
- ④⑦ 스토리 유머 ········· 199

웃음 스팟 1, 2, 3 법칙 ········· 201

- ④⑧ 15초 웃음 하, 하하, 하하하, 하하하하, 하하하하하… ········· 202
- ④⑨ 스마일 버튼 Smile Button ········· 204
- ⑤⓪ 스마일 라인 Smile Line ········· 206

싱얼롱 스팟 Sing along Spot ········· 208

- ⑤① 싱얼롱 스팟 Sing along Spot ········· 210
- ⑤② Don't Worry! Be Happy! ········· 213

카툰 스팟 그림·이미지 스팟 ········· 217

- ⑤③ 백문이 불여일견 百聞不如一見 ········· 218
- ⑤④ 동전 그리기 ········· 220
- ⑤⑤ 보인다! 보여! Miracle! ········· 222
- ⑤⑥ 내 맘대로 그림 제목 붙이기: 상상의 날개를 펴고 그림을 보라 ········· 224
- ⑤⑦ 책 소개를 하면서 정보를 주는 스팟 Booking Spot ········· 226
- ⑤⑧ 스팟이란? 마중물이다 ········· 228
- ⑤⑨ First in, Last Out, 119 사명서 Mission Statement ········· 230

스토리 스팟 스토리텔링의 힘 ······ 232

- ⑥⓪ 스토리 스팟 우리 모두는 이야기꾼이다! ······ 233
- ⑥① 인생을 100점짜리로 만들기 위한 조건은 무엇일까요? ······ 235
- ⑥② 시간 도둑은 인생 도둑이다! ······ 237
- ⑥③ 리더의 자기 깜냥! 리더'감'이란 어떤 사람인가? ······ 240
- ⑥④ 만약에 말이야! ······ 243
- ⑥⑤ 무엇이 당신을 만드는가? ······ 247
- ⑥⑥ 자신을 파괴하는 7가지 큰 죄 – 간디 이야기 ······ 250
- ⑥⑦ 리더십 이야기, 리더십이란 무엇인가? ······ 255
- ⑥⑧ 건강과 활력이 넘치는 에너지 만들기 ······ 257
- ⑥⑨ 칭기즈칸 이야기 ······ 259
- ⑦⓪ 사랑이라는 보석 '오팔' 이야기 ······ 260
- ⑦① 자녀에 대한 패러다임 ······ 261

액션 스팟 Action Spot ······ 263

- ⑦② 림보 댄스 게임 ······ 264
- ⑦③ 하이파이브 High-Five ······ 266
- ⑦④ 막대기 균형 잡기 게임 ······ 268
- ⑦⑤ 제기 차기 ······ 269
- ⑦⑥ 봉투 물기 ······ 270
- ⑦⑦ 볼 토스 Ball Toss ······ 271
- ⑦⑧ 윗몸 일으키기 Sit-up ······ 273
- ⑦⑨ 점프 업 Jump-up ······ 274
- ⑧⓪ 말 타기 놀이 ······ 275

오프닝, 클로징, 동기부여를 위한 영상 스팟 ······ 277

- ⑧① 죽은 시인의 사회 Dead Poets Society ······ 278
- ⑧② 진주만 Pearl Harbor ······ 281
- ⑧③ 파피용 Papillon ······ 282
- ⑧④ 우린 선생님이 만든 교향곡입니다! We are your symphony ······ 283
- ⑧⑤ 영상 스팟 자료 30 ······ 285

클로징 스팟 Closing Spot · 286

- 86 끝이 좋아야 모든 것이 좋다 · 287
- 87 맵 셰어링 타임을 가져라 MAP Sharing time · 289
- 88 Short-Review & Revisit으로 마무리하라 · 291
- 89 Q&A 시간을 가져라 · 292
- 90 명언, 격언, 잠언 등 유명인의 인용구로 마무리하라 · 293
- 91 멋진 시구로 마무리하라 · 294
- 92 함께 부를 수 있는 노래와 구호로 마무리하라 · 295
- 93 엔딩 세레모니로 서로 축하하고 격려하며 마무리하라 · 296
- 94 마지막 교제와 동료 의식 나누기로 연결하라 · 297
- 95 종료를 위한 Good Idea 하나! · 298
- 96 자기 달성적인 정리를 위한 종료 게임 · 300
- 97 헹가래로 응원과 감동의 시간을 만들어라 · 302
- 98 목표가 보이는가? · 304
- 99 원 밖에 있는 나, 원 안에 있는 우리 · 306
- 100 아직 나에게는 ○○○이 있습니다 · 308
- 101 스몰토크로 마무리하라 · 310

추천의 글 가르치는 모든 전문가들을 위한 필수 가이드북 · 313

주위에 아이디어는 얼마든지 있다.
그러나 찾으려는 사람에게만 행운이 온다.

세렌디피티 Serendipity

머리말 1

창의적 액션러닝 교수법의 세계로 초대합니다

"우리는 사람들에게 어떤 것도 가르칠 수 없다.
다만 그들이 자신 안에서 무언가를 찾도록 도와줄 수 있을 뿐이다."
갈릴레오 갈릴레이

"놀면서 교육이 되는 강의는 없습니까?"
"이젠 앉아서 강의만 듣는 것은 지겹습니다. 다른 방법은 없나요?"
"지금이 어느 시대인데, 옛날하고 변한 것이 거의 없다니……."
"책으로 읽어도 될 것을 이 좋은 장소에 와서 강의로만 듣는다는 게 답답합니다."
"일단 재미가 없고, 지루하니 강의가 귀에 들어오지 않네요."

25년 가까이 다양한 현장 학습활동을 하면서 알게 된 사실은 놀이와 게임 활동이 학습 대상과 장소에 따라 무궁무진한 경험을 하게 한다는 것입니다.
아이들뿐만 아니라 성인 학습자들도 게임을 하면서 즐겁게 학습활동 하는 것을 좋아합니다.
그래서 저는 지난 25여 년을 가르치는 사람들을 위한 창의적 강의 기법과 액션러닝 Action Learning 교수법, 조직 활성화를 위한 팀빌딩 게임, 야외

활동을 위한 아웃도어 프로그램, 가족들을 위한 캠프활동 프로그램 등등을 지속적으로 연구하고 개선하며 만들어왔습니다. 이런 액티비티 러닝을 연구해오면서 리더십과 코칭, 학습자 진단 등이 더해졌고, 창의적 액션러닝 교수법이라는 저만의 독특한 프로그램이 만들어지게 되었습니다.

수많은 기업과 학교 그리고 공공단체의 교수, 강사, 교사, 교육담당자들이 제게 다양한 상황에서의 즐겁고 재미있는 활동 자료들과 창의적 강의를 요청해왔습니다.

- 즐거운 아침조회 기법
- 조직 활성화를 위한 팀빌딩 Team Building
- 강의 분위기를 살리는 아이스브레이킹 Ice-Breaking
- 동기부여를 위한 스팟 Spot 기법
- 사람을 살리는 리더십 게임
- 강의를 살리는 스팟 게임
- 강사를 살리는 아이스브레이크 Ice-Break 게임
- 대화를 살리는 스몰토크 Small-Talk 기법
- 학습자의 마음을 열고 두뇌를 깨우는 액션러닝
- 실천적 교수법을 극대화하는 다양한 강의 방법과 게임 아이디어
- 참여식 수업을 위한 창의적 강의 기법
- 청중을 사로잡는 시작 Opening 과 마무리 Closing 기법
- 소통과 친밀감을 형성하기 위한 액션러닝
- 분위기를 활력 있게 만드는 다양한 수업 퍼포먼스 Performance

액션러닝 교수법은 지식과 정보만 전달하는 강사 중심의 교수학습이 아닌, 학습 참가자들이 적극적으로 참여해 만들어가는 다양한 경험학습이며, 주도적 학습으로 학습자가 중심이 되는 교수법입니다.

다양한 강의학습 방법이나 창의적 교수 방법 등 기존의 지식 전달형 교육 패러다임의 강력한 대안이라고 말하며 교수법을 소개하는 책은 너무 많습니다. 그러나 그 이론과 개념에 맞는 연구와 실제 프로그램이 너무 빈약한 것에 아쉬움을 느낍니다.

좋은 이론은 실제와 다르지 않다는 것이 저의 개인적인 생각입니다. 그러나 뛰어나고 좋은 이론에 비해 그것을 실제 활동으로 계획할 때 활용할 수 있는 프로그램과 아이디어가 너무 부족합니다. 유머가 강의 분위기를 바꾸는 수업전략이라고 말하지만 구체적으로 어떤 유머를 사용해야 하는지, 신선하고 새로운 유머의 사례와 개발에 대한 아이디어들을 찾기는 쉽지 않습니다. 유머에 대해 말하는 수많은 책에서 접하는 것들은 강의에 적용하기에 턱없는 내용이거나, 저속한 내용으로 남자들만 모여 있는 장소나 군대에서나 회식자리에서 가십거리로 사용할 수 있는 것들이 대부분이지요.

게임만큼 좋은 강의 기법이 없다고 말합니다. 그러나 유효기간이 지나지 않은 새로운 게임 New Game 을 찾아내 강의 교안에 활용하는 것은 만만치 않은 일입니다. 동영상을 강의에 활용하라고 말하지만 동영상을 편집하는 방법도 모르고, 동영상을 확보하기 쉽지 않은 강사들은 기존에 돌아다니고 있는 동영상을 USB에 담아서 활용하려고 합니다. 하지만 이미 그 영상은 유효기간이 지난—학습 참가자들이 다 아는—자료일 수밖에 없습니다. 유머나 난센스 퀴즈도 마찬가지입니다. 유효기간이 지난, 떠돌아다니는 이야기나 퀴즈를 강의 중에 들은 경험들이 있을

텐데, 그때 느낌이 어땠나요?

창의적 문제해결 기법에서 '브레인스토밍'이나 '마인드맵'이 아이디어를 모으고 정리하는 데 얼마나 좋은지 배우고 경험합니다. 그러나 실제 강의 중에 이런 다양한 교수 방법을 적극적으로 활용하기란 여간해서 쉽지가 않습니다.

마찬가지로 플립차트를 활용하라, 활동적이고 재미있는 게임을 활용하라, 동영상 자료를 효과적으로 사용하라, Q&A 기법을 사용하라, 인터뷰나 롤플레잉을 활용하라고 여러 교수법에서 말하고 있지만 정작 무슨 내용을 어떻게 활용해야 할지는 알기가 쉽지 않습니다.

이 책, 창의적 액션러닝 교수법 시리즈에는 여러분의 강의와 진행할 세미나 또는 모임을 풍요롭고 성공적으로 이끌 수 있는 다양한 활동 프로그램들로 가득합니다. 내가 진행할 강의나 모임을 새롭고 창의적인 것들로 가득 채워 참가자들이 재미있게 참여하는 활동적이고 성공적인 모임으로 이끌어가기를 원하십니까? 한 학기 14주 이상을 늘 같은 학습 대상자들을 만나게 되는 교수, 다양한 영역에서 수많은 강의를 해야 하는 전문적인 강사들, 조직에서 크고 작은 수많은 교육을 운영해야 하는 교육담당자들, 각종 모임과 행사를 이끌어가는 진행자, 그리고 사람들 앞에 서서 아침저녁으로 조회를 이끌어가거나 회의를 이끌어가는 리더들에게 이 책이 조그마한 도움이 되기를 기대합니다.

인간은 행동Action을 통해서 스스로 학습하는 존재입니다. 행동해 보면 일단 성공과 실패를 통해 다양한 피드백과 사실을 기반으로 많은 것을 배우게 됩니다. 우리는 다른 사람들의 다양한 경험, 사건과 사고, 출판물, TV, 컴퓨터, 인터넷, 부딪히는 많은 문제들과 일들로부터 다양하게 경험하고 성장하며 늘 무언가를 배웁니다.

이 책 《청중의 마음을 사로잡고 두뇌를 깨우는 스팟^{SPOT} 101》에서는, 강의나 프로그램에 일찍 온 참가자들을 위한 프리 오프닝 스팟^{Pre-Opening Spotting}, 재미있게 주의를 집중시키는 몰입의 기술인 오프닝 스팟^{Opening Spot}과 아이스브레이킹^{Icebreaking}, 효과적이고 기억에 남는 종료를 위한 마무리 스팟^{Closing Spot}과 팀업^{Team up} 프로그램들, 강의 진행 중에 활용할 수 있는 스토리 스팟^{Story Spot}, 스팟 게임^{Spot Game}, 퀴즈 스팟^{Quiz Spot}, 액션 스팟^{Action Spot}, 카툰 스팟^{Cartoon Spot}, 영상 스팟^{Screen Spot} 그리고 누구나 알고 있는 스팟의 기본이 되는 고전적인 스팟거리들, 스몰토크^{Small Talk}, 격려^{Pep Talk}, 셀프토크^{Self Talk} 등 분위기를 살리는 다양한 기법들을 소개합니다.

또, 스팟^{Spot}으로 사용할 수 있는, 강의를 살리는 학습 게임도구들을 팁으로 소개합니다.

이 창의적 액션러닝 교수법을 한 가지씩, 소그룹부터 인원이 많은 대형 강의까지, 정적인 것에서 동적인 것으로, 활동에서 학습으로, 그리고 행동으로 옮길 때마다 그 즉시 효과를 얻을 수 있을 것입니다.

머리말 2

창의적 액션러닝 교수법의 효과

"학습시스템의 초점을 강사가 가진 지식과 노하우에서
학습자의 체험으로 옮기는 것을 말한다."
피터 블록

　피터 블록이 말하는 학습시스템의 초점을 강사, 교수, 교사가 가진 지식과 노하우에서 학습자의 체험으로 옮기는 최고의 방법이 액션러닝이라고 생각합니다. 필자는 전작인《스팟 백과사전》,《아이스브레이크 마스터》,《조직 활성화를 위한 팀빌딩》이라는 3권의 책에 담긴 프로그램을 가지고 대기업의 서비스 현장, 관리자와 리더들, 교사들, 지도자 연수, 창의력 개발 과정에 있는 공무원 연수, 수많은 기업 교육 강사들과 대학 교수들, 그리고 현장에서 일하는 사람들을 만나면서 그들이 일터와 삶 속에서 시너지 효과를 누리고 참가자들과의 관계를 형성하며 열린 마음을 만들어가는 성공적인 모습들을 보아왔습니다. 지난 2~3년 동안 외국계 회사와 대기업 연수에서 사용되어 학습운영에 효과적이라는 평가를 받으며 강의로 일관된 2~3일의 기업연수 프로그램을 제치고 좋은 반응을 얻었습니다. 여러분의 조직에서, 여러분이 속한 단체에서 함께 활용한다면 좋은 결과가 있으리라고 생각합니다.
　저 또한 프로그램 진행과 말솜씨가 뛰어난 것은 아니지만 좋은 프로그램 내용과 아이디어를 가지고 자신 있게 강의를 진행하면서 좋은 결과와 완성도 높은 피드백을 경험하곤 했습니다. 창의적인 액션러닝에 대한 요구가 많아지면서 요즘 모든 분야에서 '창의적인 놀이와 활동'은 최상의 가치를 구가하고 있습니다. 이미 당신에게는 창의적인 감각이 있습니다. 더불어 이 책과 함께 더 많은 아이디어와 창의적인 생각들이 떠오를 것입니다. 그리고 일상의 모든 것으로부터 끊임없이 새로운 것들을 발견해내고 '즐거운 학습'을 만들어가는 뜻밖의 재미와 기쁨을 누리길 기대합니다.

이 책이 나오기까지 많은 분들의 손길과 경험이 큰 도움이 되었습니다. 대학교육협의회 고등교육연수원에서 2박 3일 과정으로 창의적 강의기법과 액션러닝 교수법을 강의하며 10년 동안 뵈었던 여러 교수님들의 현장 경험을 통한 조언에 감사드립니다. 한국리더십센터에서 2일 집중과정으로 한 번 더 내용을 다듬으면서 업그레이드해나갈 수 있었던 것은 좋은 기회였습니다. 교육과학기술부에서 학교운영위원회와 학부모 강사님들을 만나면서 깊이와 넓이를 더할 수 있었습니다. 또, 각 시도 교육청과 교육연수원에서 초, 중, 고 선생님들을 만나 각 교과목에 따른 교수법을 함께 고민하며 현장을 이해하는 시간들을 가진 것은 참으로 저에게는 우연과 행운이 함께한 최상의 이너게임이었습니다. 늘 좋은 친구 같은 김주현 소장과 조상호 소장에게도 고마움을 전하며, 언제나 초심을 잃지 않게 조언하며 저를 한 번 더 돌아보게 하는 사랑하는 아내, 써니Sunny와 나의 삶에 반전Spotting을 주는 사랑하는 가족들에게도 고마움을 전합니다.

머리말 3

수업과 강의에
액션러닝 교수법 도입하기

액션러닝의 세계에 오신 것을 환영합니다.
www.actionlearning.co.kr

　액션러닝은 실시간으로 삶의 현장에서 인간관계를 형성하고, 리더십을 발휘하며, 커뮤니케이션, 코칭, 강의, 교육, 서비스, 영업하는 곳에서 현장학습으로 이루어지며, 개인적, 직업적$^{B2B, B2C}$, 조직적 차원에서 프레젠테이션이나 퍼실리테이션 능력과 스킬을 향상시킬 수 있는 창의적 교수 기법입니다.

　이 책의 결론을 이야기하자면 창의적 경험학습$^{CAL:\ Creative\ Action\ Learning}$입니다. 교육과 강의는 추상적인 개념이 아닌 실행력입니다. 그리고 그것은 개인적인 체험학습$^{Action\ Learning}$이 되어야 합니다.

　학습과 학습 성과는 걱정이 많은 상태나 학습할 의도가 없는 상태에서는 집중력 있고 빠르게 이루어지지 않습니다. 학습자들은 일을 수행하는 데 필요한 대부분의 지식을 이미 가지고 있습니다. 실제로 학습자들이 어려워하는 것은 지식을 얻는 것이 아니고 그 지식을 활용하는 것입니다. 바로 액션러닝이 필요한 이유입니다. 학습 성과를 높이려고 긴장감과 압박감 그리고 두려움을 주입하는 전통적인 방식은 도움보다는 오히려 방해가 될 뿐입니다. 학습자들이 가지고 있는 가능성과 무한한 잠재능력을 이끌어내 적절하게 사용할 수 있는 최고의 교수법을 활용하는 것이 필요한 이유입니다.

창의적 액션러닝 교수법은 우리 삶^{인간관계, 일터, 사물, 목표 달성} 속에서 찾아낼 수 있습니다. 주의력과 관찰력 그리고 호기심이 효과적이고 감동을 주는 액션러닝을 할 수 있게 합니다. 그러므로 액션러닝은 마음만 먹는다면 어렵지 않게 배우고 습득해 활용할 수 있을 것입니다. 한 번, 두 번 생활 속의 아이스브레이킹을 활용하다 보면 물 흐르듯이 자연스럽게 효과적인 액션러닝을 할 수 있게 됩니다. 그러나 짧고, 간단한 게임 정도로 생각하면서 액션러닝을 마냥 사소한 것—'그까짓 게임, 놀이가 교육에 무슨 소용이 있다고'—으로 여기다가는 큰 낭패를 보게 될 것입니다. 액션러닝에는 단순히 웜업 Warm Up 이나 분위기 반전, 고정관념 깨기, 오픈마인드 Open Mind 이상의 효과가 있습니다.

저는 25여 년 동안 게임, 놀이, 레크리에이션과 인간관계에 대해 관심을 가지고 연구하면서 많은 책을 읽어왔고, 이제 리더십과 액션러닝의 조화를 통한 인간의 변화와 성장에 관심을 가지고 연구하면서 많은 사람들을 만났습니다. 교수, HRD 교육담당자, 장학사, CS 강사, 연수원 담당자, 교육 진행자, 교사, 학원 운영자, 리더십 강사들이 자신의 프로그램과 강의를 멋지고 훌륭하게 진행하기 위해 많은 투자와 노력을 기울이는 것을 보았습니다. 그들은 모든 프로그램의 시작 Opening 과 마무리 Closing 를 어떻게 해야 할지에 대한 아이디어와 방법론에 관심이 많았습니다.

첫 시간, 첫 만남을 어떻게 시작할지, 점심시간 이후 졸릴 때 어떻게 대처할지, 서비스 교육을 액션러닝으로 대신할 수 없는지……. 리더십 강의를 액션러닝으로 경험하고 서로의 느낌과 피드백을 종합해 각 대상에 맞는 리더십 강의를 한다면 최상이 아니겠습니까?

 교육 내용과 진행을 매끄럽게 도울 수 있는 교수 기법으로써의 액션러닝, 그리고 모임이나 강의를 좀 더 새롭고 창의적인 기법으로 이끌어 갈 수 있는 창의적인 교수법에 대한 관심이 실로 큽니다. 최근 몇 년 사이에 액션러닝에 대한 요구가 많아졌습니다. 액션러닝의 기술은 타고난 다기보다는 배워서 습득할 수 있는 것들입니다. 이 책에서 말하는 몇 가지의 규칙들을 배워 액션러닝을 습득하면 좋은 퍼실리테이팅^{facilitating skill} 기술과 강의법으로 자신 있게 교육을 진행하고 강의를 할 수 있습니다. 언제 어디서 누구를 대상으로 하더라도 교육 목적을 돕고 교육 효과를 높일 수 있도록 자연스럽게 진행할 수 있는, 자신감 있는 강의 진행자가 될 것이라고 믿습니다.

 주입식 강의에 치우쳐 액션러닝에 대해 부정적인 견해를 갖는 강사들, 특히 고가의 고급교육에서 시간에 쫓기다 보면 전할 내용이 너무 많아서 액션러닝 없는 지식전달 강의가 더 좋은 강의라고 믿는 사람들도 많습니다. 또, 활용을 하더라도 액션러닝을 잘 다루지 못하고 소홀히 다루며 하찮고^{trivia} 가벼운 것으로 취급하는 사람들도 있습니다. 그들은 액션러닝뿐만 아니라 게임, 활동, 롤플레이, 플립차트 등 학습 도구 활용이나 새로운 것에 대한 두려움을 원초적으로 가지고 있는 사람입니다.

 아직도 많은 강사나 진행자들이 사용하는 강의 기법은 박수 게임들, 스트레칭 비디오, 코믹 동영상, 간단한 핸드 게임, 안마해주기, 난센스 퀴즈 등이 주를 이루며, 강사들은 이러한 간단한 활동을 활용하곤 프로그램을 시간에 쫓기며 끝내기 일쑤입니다. 하지만 이제 학습 참가자들의 수준이 높아져서 상투적으로 시간을 보내기 위해서라는 인상을 주게 되면 곧바로 눈치를 챕니다. 액션러닝은 학습 참가자들을 집중하게 만들고, 자신의 참여 활동에 대해 긍정적인 태도를 갖도록 돕습니다. 스팟, 아이스브레이크, 팀빌딩 게임은 학습자들을 더 주도적으로 만드는 매력적인 창의적 액션러닝의 창고입니다.

  이 책에 소개하는 내용들은 주로 리더십과 코칭, 다양한 교수법에서 학습 참가자들이 재미있어 했던 활동들이며 완성도 높은 자료들로 구성되어 있습니다.

  자, 이제 창의적 액션러닝 교수법의 다양한 자료들을 경험하며, 기쁨을 발견해보시기 바랍니다.

2017년 8월
이영민

스팟팅을 하기 전에 –
세렌디피티! 무슨 뜻인지 아세요?

세렌디피티!^{Serendipity!} 우연히 발견한 횡재, 행운, 재수, 운수라는 뜻입니다. 뜻밖의 발견, 뜻밖의 재미를 말합니다. 리더십과 코칭 강의를 하다 보면 이런 경험은 헤아릴 수 없을 만큼 많습니다. 즉 '목표와 일치하는 것만 찾아내는 능력'을 말합니다. 행운이나 우연한 재수가 아무 노력도 하지 않는데 거저 내게 오지는 않습니다. 목표 추구형 유기체로서 목표 지향적으로 살아가는 사람들에게 세렌디피티 유발행동이 일어나는 것입니다.

지금부터 그 '우연과 행운의 발견 이야기'를 함께 해보려고 합니다.

창의력에 관한 책을 보다가 세렌디피티^{영민한 발견}라는 챕터를 발견하곤 어찌나 반가웠던지……. 'SeReNDiPitY'라는 단어 안에 들어 있는 '영민한 발견'이라는 이 의미를 그동안 제가 리더십과 코칭리더십 그리고 액션러닝 교수법을 배우고 강의해 오면서 발견한 행운의 게임과 함께 공유하기를 원합니다.

자, 한번 마음속으로 크게 외치면서 시작해보면 어떨까요?

"Serendipity~!"

책을 읽는 동안 **뜻밖의 재미와 기쁨**을 발견하기를 기대합니다.

아, 〈세렌디피티〉라는 영화도 한번 보시면 잔잔한 감동을 받을 수 있을 것입니다.

> **Tip** 강의를 이끄는 강사의 역할에는 학습 참가자에게 행운을 전달하는 일도 포함됩니다. 강의를 시작하면서 옆에 앉은 파트너와 행운의 인사를 나누게 하면 어떨까요? 세렌디피티의 뜻을 설명한 뒤, "세렌디피티~!"하면서 주위 사람들과 하이파이브를 하고 마음을 열면서 시작하도록 하는 것도 좋습니다.

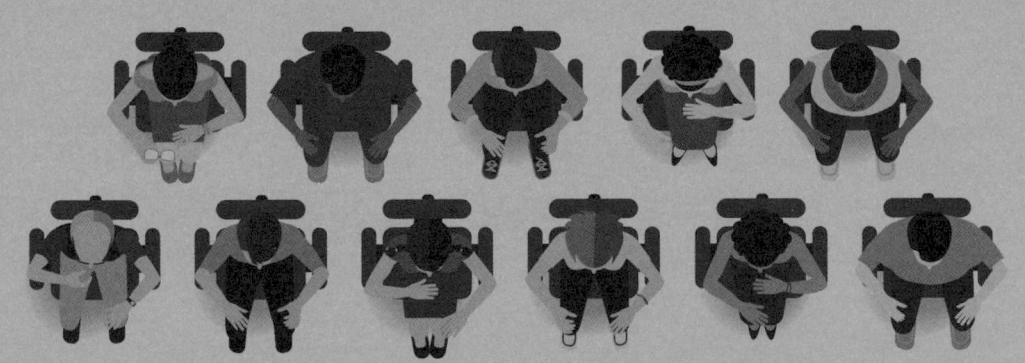

1부
스팟, S·P·O·T의 이해

스팟,
액션러닝 교수법의 정수

　스팟팅은 순간의 정수입니다. 그 순간을 잘 잡아 학습자들이 흥미롭게 집중, 몰입하도록 하는 사람이 명강사이지요. 또, 액션러닝의 정수는 스팟입니다. 학습의 그 순간에 학습자가 참여할 수 있도록 액션러닝화 하세요. 창의적인 스팟, 아이스브레이크, 팀빌딩은 액션러닝 교수법의 절대적인 도구로 자리 잡아가고 있습니다.

　학습자를 만나는 그 순간, 그 상황과 환경에서 그들이 지닌 모든 잠재능력과 무한한 가능성이 억압되지 않고 표출될 수 있도록 당신의 지식과 정보를 액션러닝 체험 학습화할 수 있겠습니까?

　좋은 강의를 하려면, 먼저 학습자가 강사를 좋아하도록 만들어야 합니다. 내가 좋아하는 강사의 강의는 3박 4일을 앉아서 계속 들어도 지겹거나 지치지 않습니다. 좋은 강의를 한다는 것은, 강사의 입장에서 보면 유혹의 행위입니다. 학습 참가자가 까다로울수록 이 사실을 더욱더 명심해야 합니다.

　당신의 강의 내용을 효과적으로 전달하기 위해서 그들의 마음을 열고, 그들의 부정적 패러다임을 깨뜨리며, 긍정적인 태도로 집중하고 몰입할 수 있도록 관심과 흥미를 유발하는 액션러닝 교수법의 기본인 스팟에 대해서 살펴봅시다.

스팟 기법이란 무엇인가?

스팟이란 □ 이다

자, 당신은 스팟 하면 뭐가 떠오릅니까? 스팟이란 한마디로 무엇일까요? 강의를 하면서 스팟Spot이란 무엇인가에 대해 계속 질문을 던질 때마다 나오는 대답은 다 다릅니다.

1. 스팟은 □공식□ 이다.
   - $U \times E = R$
   - STC 공식
   - 인생은 B와 D 사이의 C다.
   - ABCD법칙

이 밖에도 수많은 공식이 주는 간단명료함과 정리력은 탁월합니다. 당신은 공식들을 가지고 학습자들을 집중시키고, 강의를 명료하게 한 경험이 있습니까? 그 공식은 어떤 것들입니까? 스팟은 공식입니다!

2. 스팟은 법칙 이다.
- **통제의 법칙**-내 생각, 내 행동, 내 감정, 내 성격, 내 인생을 내가 통제하고 있는가?
- **집중의 법칙**-신경을 쓰면 쓸수록 자란다. 즉 자꾸 생각하면 그게 현실이 된다.
- **관성의 법칙**-습관의 법칙처럼 '결심'하지 않으면 절대로 그 상황을 바꿀 수 없다.
- **반복의 법칙**-무엇을 하든 자꾸 반복하다 보면 새로운 습관이 만들어진다. 연습의 법칙처럼.

스팟을 계속 활용하다 보면 일정한 패턴과 시스템을 통해 법칙처럼 만들어나갈 수 있습니다.

3. 스팟이란 시, 詩 다.

시 한 줄에는 사람을 움직이고, 감동하게 하는 힘이 있습니다. 그래서 많은 사람들이 시詩를 사랑하고 시詩를 읽으면서 마음을 엽니다. 시어詩語가 주는 울림과 떨림은 사람의 마음을 집중하게 하는 힘이 있습니다. 짧은 시 한 구절이 주는 영향력은 인터넷 블로그에서도 확인할 수 있습니다. 짧지만 강렬한 시로 오프닝을 해보고, 짧지만 감동적이고 열정적인 시로 클로징을 계획해봅시다.

스티브 잡스는 "생각이 막힐 때 시詩 한 줄에서 답을 찾는다"라고 했습니다.

당신에게
스팟이란 무엇인가?

상황을 반전시키고 순간적으로 집중시키며 웃음을 끌어낼 수 있는, 마음을 활짝 열 수 있게 하는, 자연스럽게 몰입의 즐거움을 느끼게 할 수 있는 당신의 소재거리는 무엇입니까?

스팟 기법이란 한마디로, 짧은 시간 내에 교육 참가자나 상대방의 주의를 집중시키고 적극적이고 긍정적인 참여를 유도하며 일체감과 성취욕을 북돋우는 고도의 '심리 연출법'입니다.

크고 작은 모임이나 프로그램에서 순간적으로 당황할 수밖에 없는 상황이 발생할 때, 또는 갑작스럽게 본 프로그램의 진행이 늦어지거나 참가자들에게 약속한 정확한 시간을 지키기 어려운 상황이 발생해 지금, 여기서, 당장 교육 분위기를 자연스럽게 수습해야 할 때 등 다른 사람들은 이해하거나 알 수 없는 상황에서 혼자 땀을 뻘뻘 흘리며 속 태운 경험이 있는 교육 진행자, 담당자, 강사 들에게 이 스팟 기법은 필수적으로 연구해야 할 분야입니다.

> **Tip** 스팟은 ? 이다.
> 스팟을 고도의 심리 연출법 이라고 하는 의미는 무엇인지 살펴봅시다.

　강의나 모임에 참여한 사람들은 흥미 수준에 따라 크게 네 가지 유형으로 분류할 수 있습니다.

첫째는 포로들입니다.

　회사에서 보내서 온 사람들[자신의 의지와 상관없이 꼭 필요한 교육이니 참석하라는 통보를 받고 강제로 온 사람들]이 대부분이고, 출장 가는 바쁜 동료나 임원들을 대신해서 참석한 사람들도 있습니다. 회사의 방침으로 필수 교육인 이 과정을 이수해 학점을 획득해야만 하고, 승진에 영향을 받는 경우 교육에 참가한 포로들의 심정은 편하지 않습니다. 교육에 끌려온 포로들은 한마디로 테러리스트[Terrorist]들이라고 할 수 있습니다. 교육 기간 내내 사사건건 불평, 불만이 많습니다. 장소가 멀다느니, 음식이 형편없으면서 비싸다느니, 잠자리가 노후해서 냄새가 난다느니, 강사가 어떻다느니……. 포로로 끌려온 이들을 위해 성공적인 강의 분위기를 만들고 마음을 열도록 하는 것은 쉬운 일이 아닙니다.

둘째, 휴가자들입니다.

　한마디로 교육을 핑계로 쉬기 위해 온 사람들입니다. 영업을 하고 일하느라 쉴 틈이 없다가 2박 3일 동안 교육받으러 와 여유를 가지고 업무로부터 탈출해 휴식을 취하려는 사람들[Vacationer]의 심리를 생각해보십시오. 이들은 일정표의 강의 모듈을 보고 중요하지 않은 강의라고 생각하면 교육보다는 쉬는 쪽을 선택합니다. 교육장에 들어오지 않고 밖에서, 숙소에서 시간을 보냅니다. 그리고 열심히 교육에 참여하는 사람들을 만나면 꼭 이렇게 말합니다. "그거 내가 옛날에 들었던 ○○○ 리더십 교육과 내용이 비슷해. 이전에 들어서 다 알고 있어"라고. 교육을 잘 받고 있는 사람들 사이에서 대화의 주체가 되어 그들에게 악영향을 끼치는, 교육을 핑계한 이 휴가자들을 다루기는 얼마나 까다로울까요?

셋째, 교제와 친교 우선주의자들입니다.

전체 사람들과 명함을 나누고, 매뉴얼 뒤에 기록되어 있는 주소록의 모든 사람들의 서명을 받으며 관계 중심으로 교육에 참석하는 사람들입니다. 교육 내용에 대해 이야기하기보다는 한 사람, 한 사람의 직업, 회사에 대한 질문부터 시작해서 명함을 받은 뒤 꼭 회사를 방문할 것이니 식사 한번 하자고 합니다. 저 또한 교육에 참가해 사람을 알아가고 교제하는 것에 대해서는 긍정적입니다. 그러나 많은 사람들을 알고 얻는 것만큼 교육을 받는 것도 중요하다는 것을 알려주기 위해서 강사는 이들을 상대로 또 다른 심리 연출을 해야 합니다. 교육보다는 사람들과 어울리고 대화하느라 강의 시간에 늦게 들어오거나 아예 한 시간씩 빠지는 사람들도 있습니다. 사람 만나는 것을 좋아하는 이 교제 우선주의자들을 어떻게 예방하고 통제할 수 있을까요?

넷째, 적극적 학습 참여자입니다.

참석자들 중 약 20~30퍼센트만이 적극적으로 준비하고 교육에 참여할 자세가 되어 있는 학습자입니다. 이 부류는 강사가 특별히 신경 쓰지 않아도 알아서 잘 참여하고 질문하며, 교육 기간 동안 균형 있는 생활을 하는 사람들입니다. 이 학습자 유형은 학습에 흥미도 높고, 새로운 트렌드와 기술, 지식, 정보를 얻기 위해서 주도적이고 긍정적인 태도로 강의에 임합니다. 이들은 강사에게 좋은 협력자 역할도 합니다.

당신은 이 네 가지 유형의 참가자들을 어떻게 훌륭한 학습자로 이끌겠습니까? 먼저, 우리 생활 속에서 **스팟**^Spot 이란 단어가 어떤 때 주로 사용되고 있는지, 스팟에 대해 조금 더 알아볼까요?

스팟 광고, 스팟 뉴스^속보로 전해지는 최신 뉴스, 스포트라이트, 스팟 테스트 등의 표현처럼 스팟에는 짧은, 간단한, 즉석의, 새로운, 번뜩이는 등의 의미가 있으며 분위기를 순간적으로 부드럽고 밝게 하는 힘이 있습니다.

영어사전을 찾아봅시다.

Spot —

① 지점, 장소, 현장, 잠시

② [TV · 라디오] 프로와 프로 사이의 짧은 삽입^광고 방송

③ 즉석의, 현장에서의, 프로 사이에 끼운 ^광고 문구 따위

④ [경기의] 보조원 노릇을 하다

> **Tip** 스팟 방송 내용의 약칭으로 방송 용어상 가장 일반적으로는 스팟 커머셜을 의미합니다. 프로그램과 프로그램 사이의 시간^Station break, 60초 에 방송되는 커머셜광고 방송을 말하나, 프로그램 안에서 방송되는 PT^Participating Commercial, 5분 정도의 커머셜로 방송되는 안내방송을 가리키기도 합니다. 라디오에서는 5초, 10초, TV에서는 15초, 20초, 30초를 표준으로 합니다.
> 스팟 커머셜은 단기간에 집중적으로 반복 방송하는 것으로 신제품이나 계절 상품 발매, 신규 개점, 특별 전시나 행사의 알림 등에 큰 광고 효과를 발휘합니다. 방송 요금은 커머셜의 시간, 방송 시간대의 시청률, 청취율의 고저 등을 기준으로 설정됩니다. 스팟 커머셜 외에 프로그램 사이 또는 프로그램 안에 설정한 짧은 시간의 고지 방송을 스팟 뉴스, 방송국이 주최하거나 협찬하는 캠페인의 고지 방송을 스팟이라 할 때도 있습니다.
> 말 그대로 정말 중요한 모임에 참가한 사람들을 집중시키고, 분위기를 부드럽게 반전시키는 짧은 시간, 즉 순간 기법이라 할 수 있습니다.

스팟Spot에 대한 개념은 예전부터 있어왔으나 아직 스팟을 대신할 만한 적당한 단어라든지 프로그램 진행 중의 스팟에 대한 명확한 정의는 내리기 힘듭니다. 하지만 강의와 모임을 진행하는 데 있어서 스팟의 역할과 개념을 정리하면 다음과 같습니다.

첫째, 강의 전, 후에 참가자들의 간단한 기분전환 및 동기부여 측면으로 활용하는 기법입니다.

둘째, 자체 또는 외부 강사가 개인 사정 등으로 인해 교육장에 늦게 도착할 경우나 출강하지 못하는 비상사태 시에 교육담당자가 스팟 활동으로 강사를 대신해서 시간을 채울 수 있습니다.30분~1시간

셋째, 교육 집중을 위한 웜업Warm-Up 활동으로 마음을 열고 생각을 모을 수 있습니다.

넷째, 아침저녁의 조회시간을 효율적으로 운영하기 위한 자연스러운 접점 마련의 방법으로 쓸 수 있습니다.

다섯째, 교육 내용과 관련 있는 감동적이고 체험적인 활동으로 마무리할 때 활용할 수 있습니다.

여섯째, 움직이면서 학습 효과를 낼 수 있는 액션러닝Action Learning 교수법의 하나입니다.

"스팟을 통해 자기표현의 활동으로 활용할 수 있는
움직임의 미학을 연출해보세요!"

교육 프로그램 진행 시 스팟 기법
- 자신감

소그룹 모임이나 세미나 등의 강의 현장에서 교육 프로그램 사이사이에 들어가는 스팟 기법은 사람들의 마음을 편안하게 하며 밝은 분위기를 조성해 모임을 원활하고 자연스럽게 만들어가는 중요한 역할을 합니다.

스팟 기법은 특별한 전문지식 없이 자신의 경험과 자료를 활용하는 것만으로도 충분히 사용할 수 있습니다. 순간순간 주어지는 상황에서 사람들의 시선을 집중시키고 마음을 얻을 수 있는 작은 배려로 시작되는 것이지요.

스팟 기법을 잘 활용하기 위해 가장 필요한 것은 자신감입니다.

당신이 만나는 모든 강의, 이벤트, 크고 작은 모임들에서 말 잘하고, 강의를 재미있게 하는 사람들을 잘 살펴보세요. 그들이 공통적으로 갖고 있는 것은 자신감입니다.

"자신감이란, 누가 인정해줘서 생기는 것이 아닙니다.
나무에 물을 주듯 스스로 격려해야지요. 성공을 해서
자신감이 있는 것이 아니라, 자신감이 있어서 성공한 겁니다."

– 마쓰시타 고노스케

당신은 자신감을 충전하고 사람들 앞에 서기 위해 어떤 방법을 사용하고 있습니까?

- 모임의 성공적인 그림을 그리며 스스로를 격려하는 **혼잣말**^{Self-Talk}을 하세요.
- 숨을 들이마시고 크게 내쉬며 **심호흡**을 하세요.
- 자신을 믿으세요. 당당함과 힘이 넘치는 목소리로 시작하세요.
- 자기 자신에게 자신감이 없으면, 다른 사람에게도 확신을 불어넣을 수 없습니다.

또, 당신의 자신감은 참가자들에게 신뢰감과 친근감을 줍니다.

"스팟은 성공적인 강의를 만들어가는
자신감 게임의 시작입니다."

스팟의 네 가지 요소
S·P·O·T

스팟^{spot}은 짧은 순간에 모임의 분위기를 반전시키고 참가자들의 마음을 얻는 것이라 정의할 수 있습니다. 'S·P·O·T'라는 단어에 담겨 있는 네 가지 중요한 특징을 살펴봅시다.

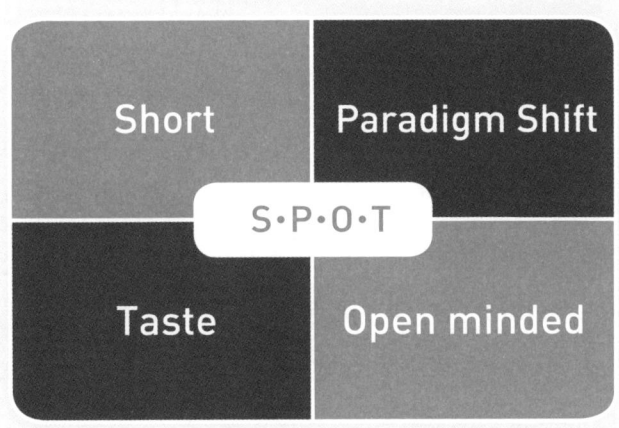

Short—
짧고, 간결한 스팟팅으로 시작하라

Spark, Smart, Switch, Sticker, Smile, Study, Story, Simplicity

말 그대로 스팟의 가장 중요한 특성은 짧은 시간 내에 승부를 내야 하는 축소 지향성에 있습니다. 시간뿐만 아니라 스팟으로 사용할 내용도 짤막하고 간단해야 합니다. 모임을 이끌어나가는 소그룹 리더나 강사들은 짧고 간결한 스팟 기법들을 개발하기 위해 끊임없이 노력을 기울여야 합니다. 많은 사람들이 스팟 기법에 대한 인식 부족으로 중요한 모임을 의미 없이 상투적으로 시작해 흐지부지 시간에 쫓기며 끝을 맺곤 합니다. 또, 스팟을 사용한다고 하는 사람들도 스팟을 스팟답게 간단하게 끝내지 못하고 질질 끌어 시간 관리에 실패하기도 합니다.

스팟은 3분 이내의 짧은 내용을 선택하는 것이 좋습니다. 지금 당신이 준비한 오프닝 스팟과 클로징 스팟이 짧은 순간에 사람들의 마음을 집중시킬 수 있는 내용입니까?

- 사람들의 마음에 불꽃이 일어납니까? Spark

- 참가자들의 생각이나 기억에 착 달라붙는 내용입니까? Sticker
- 한바탕 웃으며 시작할 수 있는 것입니까? Smile
- 강의장 분위기나 학습자들의 분위기가 전환됩니까? Switch

짧고 간결한 스팟팅의 기본은 진행자나 강사가 말을 많이 줄여야 한다는 데 있습니다. 강의 중 현장에서 짧게 활용할 수 있는 스팟 기법에는 어떤 것들이 있을까요?

시詩 | 속담俗談 | 카피Copy | 사자성어 | 유머 | 퀴즈 | 게임 | 그림……

또, 짧지만 재미있고, 사람들을 웃게 하며, 집중하게 하는 것으로 뭐가 있을까요? 촌철살인寸鐵殺人의 효과가 있는 짧은 문구들을 메모하고 활용하세요.

최근에 제가 접한 짧고 간결한 촌철살인의 말들을 소개하자면……

- 헌신하면 '헌신짝' 된다. – 어느 교육회사의 팀장
- 부동산 투기에는 마이다스의 손, 경제정책 능력은 마이너스의 손.
  – 청문회에서 어느 장관 후보자에게
- 당신이 얼마나 똑똑한가보다는 당신이 어떻게 똑똑한가가 더 중요하다. – 하워드 가드너
- 내가 아는 사람보다, 누가 나를 아느냐가 더 중요하다. – 다이앤 C. 달링
- 최고경영자가 바뀌지 않는데, 조직이 바뀔 리 없다. – 영민한 발견
- 세상을 가장 쉽게 사는 방법은? 정직하게 사는 것.
- 이제까지 강사라는 일을 안 하고 있었다면, 지금 새로 뛰어들겠는가? – 제로베이스 게임
- 학이불사즉망, 사이불학즉태學而不思則罔, 思而不學則殆: 배우기만 하고 따지

지 않으면 어리석어 속임을 당하고, 따지기만 하고 배우지 않으면 갈피를 못 잡고 헤맨다. – 《논어論語》, 위정爲政 편

- GEM^{Going the Extra Mile}: 상대방이 기대한 것보다 조금 더! – 서비스, 리더십, 관리…….
- 돈만 버는 기업은 형편없는 기업이다. – 헨리 포드
- 기술이 있어야 예술이 있는 것이다. – '위대한 탄생'에서 박칼린 피드백
- 왜 음학音學을 하는가? 음악音樂을 해야지! – '슈퍼스타 K2' 박진영 피드백
- 긴장하는 사람은 지고 설레는 사람이 이긴다. – '위대한 탄생' 김태원
- 강의하는 데는 생존, 강의를 듣는 데는 생리가 작동한다. – 영민한 발견
- 파란만장~ 억!^{건배사}: 파란 게 만 장이면 억이다.
- 기억은 없어도, 기록은 있지! – 적자생존
- 희망이 보이면 주변은 보이지 않는다.
- 당신은 일로 삶을 채우고 있는가? 삶으로 일을 채우고 있는가?
- 좋은 책을 읽지 않는 사람은 글을 못 읽는 사람과 다를 게 없다.
- 아마추어는 남들과 경쟁하지만 프로는 자신과 경쟁한다. – 게르하르드 미쉬반드너
- 기회는 준비된 사람 편이다. – 루이스 파스퇴르

Paradigm Shift―
고정관념을 깨고 학습자들을 자연스럽게 강의에 몰입하게 하는 스팟을 활용하라

People first, Program second

교육생과 강사, 교육생과 교육생 사이에는 긴장감과 고정관념의 벽이 놓여 있습니다. 좋은 스팟은 이 벽을 허물고 강사와 교육생 그리고 참가한 모든 사람들이 가지고 있는 선입견을 바꾸게 하는 효과를 가져다줍니다.

부서와 팀 간에 놓여 있는 편견을 깨뜨리고, 조직 내 상하 직책에 대한 고정관념을 내려놓고 학습에 적극적이고 긍정적으로 참여할 수 있도록 역동적이며 공감을 불러일으키는 스팟 기법을 사용한다면 유쾌한 시작이 될 수 있을 것입니다.

하지만 고정관념(선입견/편견/틀)을 무너뜨리는 것은 생각보다 어렵습니다. 왜냐하면 틀 속에 갇힌 사람은 무덤 속에 묻힌 사람과 같기 때문입니다. 그렇다면 어떤 스팟 기법으로 참가자들로 하여금 고정관념을 내려놓고 상호 교류하고 일체감을 갖게 할 수 있을까요?

고정관념이나 학습자의 편견을 깨뜨리는 가장 좋은 방법은 프로그램

보다 먼저 사람에 대해 배려하는 것입니다. 참가자들을 관심과 존중으로 대한다면 첫 만남이 수월해집니다.

Open minded—
스팟의 기본 목표는
참가자의 마음을 여는 것이다

Ok, Optimistic, Opportunity, Opening & Closing

스팟의 가장 기본적인 목표는 학습 참가자들의 마음을 여는 것입니다. 정말 좋은 스팟은 참가자들의 마음의 벽을 허물고 적극적인 참여를 유도하는 마음 열기의 효과를 가져다줍니다. 참가자들의 몸은 모임 장소에 와 있는데 생각과 마음은 다른 곳에 가 있는 경우, 아무리 좋은 내용을 전달해도 들리지 않게 됩니다. 스팟 기법을 통해 몸과 마음이 하나가 되게 해 생각을 지금 이곳에 집중하도록 할 수 있다면 변화는 시작되는 것입니다.

몸을 움직이게 하세요. 몸을 움직이면 함께 마음과 생각도 움직입니다. 그리고 서로서로 마음을 열수 있는 액션 스팟거리를 준비하세요. 참가자들에게 학습하는 한 시간 동안에 1~2번 정도 움직일 수 있는 기회를 제공하는 것만으로도 주의 집중력을 갖게 하고 정서적 충동을 억제하는 실행능력이 향상됩니다. 걸을 수 있는 기회와 몸을 움직이며 사고력을 발휘할 수 있는 갤러리 워킹으로 마음을 긍정적이고 낙천적으로 바꿀 수 있습니다.

적절한 스팟 활용은 주의 집중의 효과를 높이며 교육에 참여하는 학습자들의 태도를 바꾸어나갑니다.

I
Taste—
참가자들의 욕구를 자극하는
맛보기 스팟을 적극 활용하라

Trust, Technique

오프닝 스팟은 맛보기에 비유할 수 있습니다. 시작이 반이라는 말처럼 좋은 워밍업은 참가자들로 하여금 이 모임에 어떻게 참여할 것인지를 결정하게 하는 효과가 있습니다.

많은 강의와 모임에 참석하는 사람들은 눈치가 빠릅니다. 진행자, 강사, 강의 장소, 교수법 등에서도 스팟은 모임 진행을 순조롭게 할 뿐 아니라 좋아서 즐겁게 참석할 수 있게 하는 역할을 합니다. 낚시 용어로 말하자면 미끼와 같은 것이지요.

잘 선택된 좋은 스팟은 강의와 모임에 입맛을 돋우는 애피타이저^{Appetizer}입니다. 학습자들의 입맛을 돋게 하고 신뢰관계로 강의를 시작하기 위해서는 잘 준비되고 뛰어난 테크닉이 있어야 합니다.

스팟의 효과적인
진행 방법

이제 스팟을 효과적으로 진행하기 위해 다음을 잘 살펴봅시다.

오프닝과 클로징

모든 오프닝을 어떻게 합니까? 자세히 살펴보세요. 또, 모든 클로징도 유심히 보세요. 우리가 매일 접하는 뉴스, 토크 쇼, 강의, 레크리에이션, 이벤트, 파티나 소그룹 모임, 성경공부 모임, 야외 교육활동 등의 모든 진행자가 오프닝과 클로징을 위해 많은 자료를 모으고 연습을 거듭하며 집중해 준비합니다. 그들이 어떤 내용을 가지고 어떤 방법으로 하는지 보세요. 당신이 오프닝과 클로징을 할 때, 주로 사용하는 스팟 기법은 무엇입니까?

지금 기록해보세요. 당신이 할 일이 무엇입니까?

프로그램 계획

교육 참가자에 대한 기본 자료를 통해 대상 파악 및 욕구 파악, 교육

장소의 분위기 및 환경에 대한 장소성, 그리고 강의 전후 연결 문제 등을 철저하게 검토합니다.

또, 자신이 진행하고자 하는 내용을 이미 다른 사람이 강의에서 활용하거나 소개하지 않았는지를 살펴 적절하게 프로그램을 계획합니다. 스팟을 활용하는 데 있어 철저하게 체크하고 계획하지 않으면 똑같은 영상, 비슷한 유머와 퀴즈, 이미지가 학습 참가자들에게 제공되며, 이는 강의에 대한 신뢰와 집중력 저하로 나타날 수 있습니다.

교육적 가치 추구

단순히 웃고 즐기는 내용도 나름대로 의미가 있겠지만, 그보다는 재미와 아울러 교육적 가치를 지니고 있는 프로그램을 개발하고 활용하는 것이 더욱 바람직합니다.

강의를 들을 때는 재미있게 웃고 좋았는데 끝나고 난 뒤에 남는 것이 없다면 그런 스팟팅은 하지 않는 것이 낫습니다. 재미와 함께 의미도 있게끔 교육 내용과 관련 있는 스팟을 진행합시다.

다양한 진행

스팟 기법은 다양합니다. 짧은 시간에 교육장 안에 있는 모든 사람들의 공감을 이끌어내기 위해서는 앉은 상태에서 일어나 움직이며 서로의 마음을 열어가게끔 연출하면 효과적입니다. 실내에서 진행하다가 실외로 장소를 바꾸는 것도 좋습니다.

시각적인 매체를 활용하고, 학습자들이 집중할 수 있는 학습 도구를 활용하는 것도 좋습니다.

Tip 효과적인 스팟 진행을 위해 세바시, 테드^{Ted} 등등의 영상을 보며, 강의 시작과 마무리를 어떻게 하는지, 무슨 도구를 사용하는지, 청중들을 어떻게 참여시키는지 관심을 가지고 살펴보는 것도 좋은 방법입니다.

스팟 자료 모으기

질보다는 양이다

어느 분야에서든지 최초 자료 수집의 기본은 질보다 양입니다. 수집한 자료를 분류하고 질이 뛰어난 자료를 잘 활용해 프로그램을 짠다면, 자신만의 소중한 레퍼토리(Repertory)가 될 것입니다.

스팟의 정보가 되는 소재는 무궁무진합니다. 고전부터 신간 도서, 유머 관련 도서 및 각종 잡지와 신문, 각 회사의 홍보 사보, 정보의 바다라는 인터넷, 라디오 방송, 특히 TV 케이블 방송의 오락 채널, 대학가나 청소년층에서 유행하는 유머, 아재개그 등 도처에서 찾을 수 있습니다. 그러나 무엇보다 원하는 분야의 전문가들이 쓴 저서와 인터넷상의 동영상 자료들과 스팟 세미나, 다양한 창의적 강의법과 교수법 세미나, 팀티칭 기법, 명강의 교수법들을 활용하면 좋은 자료들을 얻을 수 있습니다.

기록이 기억을 지배한다

좋은 강사, 탁월한 프로그램 진행자가 되기 위한 가장 중요한 습관 가운데 하나는 기록하는 것입니다. 프로그램 진행용 노트나 스크랩북을 만들어 지속적이고도 꾸준히 정리해두어야 합니다. 참가 대상에 따라 신입사원, 기존 사원, 간부, 임원, 여사원 등으로 세분화해두면 적절하게 활용할 수 있습니다. 그리고 이런 노트는 교육 진행 시에 항상 지참해 만약의 사태에 대비하도록 합니다.

연구하고 탐구해 개발하라

스팟 자료를 모으는 최상의 노하우는 교육담당자 스스로의 필요에 의해 모든 것에 관심을 가지고 연구 개발하는 것입니다. 스팟을 주로 사용하는 강사들을 보면 세미나를 통해 습득한 것을 다 활용하곤 다시 새로운 것을 찾게 되는데, 조금만 스팟에 관심을 가지고 다양한 관계 속에서 세심히 관찰하면, 아이디어와 정보가 축적되어 스팟을 효과적으로 활용하는 전문가가 될 수 있습니다.

열정이 있어야 남다른 스팟 자료를 얻는다

사람들 앞에 자주 서는 교육담당자나 강사의 입장에서 보면 하나의 새로운 스팟팅 자료나 아이디어는 대단히 소중합니다. 참가자 중심으로 학습자를 이해하고 완성도 높은 강의를 만들어가기 위해 최선을 다하는 열정이 있어야 남다른 자료를 얻을 수 있습니다.

자신의 분야와 다른 세미나, 강의에 참석하라

이 책의 전작인 《와우 SIT》를 쓰면서 참으로 많은 책들을 보고, 다양한 강의들을 들었습니다. 다행히 새로운 것을 배우는 것을 좋아해 그동안 다녔던 수많은 강의 자료들을 정리하는 기회가 되었습니다. 또, 이 자료집은 강의를 하면서 느낀 다양한 대상들의 필요와 현장의 욕구를 반영해 정리한 것으로 여러분들의 좋은 강의 보조 자료와 아이디어의 창고가 되어줄 것입니다.

현장에서 최고의 강의가 진행되고 있는 세미나와 특강―웃음, 개그와 유머 관련 세미나, 연극, 서비스 리더십, 코칭, 멘토링, NLP―에 참석하면 새로운 스팟 자료들을 경험하고 수집할 수 있습니다.

> **Tip** 액션러닝 SIT를 통해 전문적인 진행자와 강사로 우뚝 서기 위해서 이런 수고는 꼭 합시다.

- 스팟 Spot
- 아이스브레이크 Ice break
- 팀빌딩 Team building
- 챌린지 Challenge
- 액션러닝 Action Learning
- 퍼실리테이션 Facilitation

이 단어들을 인터넷에서 검색하면 많은 자료들과 책, 사이트, 연수원, 세미나를 찾을 수 있습니다. 물론 선별은 스스로 해야 합니다. 한 달에 한 번 정도씩 필수 검색어로 활용한다면 분명 좋은 자료들을 만나게 될 것입니다.

트렌드를 놓치지 않는다

사회, 문화, 정치, 경제, 교육, 체육 등 그 어느 분야든 그때그때의 흐름 속에 유행, 코드, 트렌드가 있기 마련입니다. 그것을 절대 놓쳐서는 안 됩니다. 트렌드나 유행을 알면 강의에서 참가자들의 관심사를 가지고 동기부여 할 수 있으며, 새로운 시각이나 패러다임 전환을 통해 집중적인 참여와 관심을 끌어낼 수 있습니다.

요즈음 어떤 유행어와 문화, 트렌드가 우리 생활 속에 스며들어 있습니까? 오디션 경쟁, 스티브 잡스, 리더십과 팔로우십, 웰빙, 건강, 다이어트, 카툰과 개그를 통한 풍자, 올림픽, 권력의 이동, 테드 ted 식 강연, 욜로 YOLO, You Only Live Once, 힙합, 아재개그, AI 인공지능, 자전거 트레킹, 독도, 대형화, 양극화……. 최고의 강사로서, 진행자로서 모임을 끌어가길 원한다면 작고, 사소한 것 하나라도 놓쳐서는 안 됩니다.

그리고 이것들을 어떻게 교육 내용과 함께 풀어낼 것인지를 고민해야 합니다.

조심해서 사용해야 할 스팟 테크닉

스팟 자료를 모으면서 진행자로서 이런 것들은 조심해야 할 부분들이라 생각합니다.

1. 모든 강사들마다 사용해 참가자들이 이미 익히 알고 있는 스팟거리들을 조심하세요. 올림픽, 월드컵, 개콘, SNS, 뮤직비디오 영상자료 등 그 시즌에 유행한 것들, 누구나 다 사용하고 싶어 하는 콘텐츠는 조심해서 사용해야 합니다.
2. 유효기간이 지난 스팟거리를 사용하지 마세요. 강사든, 교육 운영자든 스팟거리를 사용하는 방법을 알아야 합니다. 유효기간이 지난 식품이나 음식을 먹지 않듯이 유효기간이 지난 스팟 사용을 조심하세요.
3. 참가자들의 쓴웃음이나 억지웃음을 유도하는 기법은 피해야 합니다. 전문가의 비애라고 해야 할까요? 자연스러운 웃음은 좋은 것입니다. 그러나 자신이 말해놓고 청중이 웃지 않자 "여기선 여러분들이 웃어줘야 합니다" 하면서 오히려 '참석자들의 유머지수가 떨어진다'고 나무라며 쓴웃음을 유도하는 강사들이 왕왕 있습니다. 이런 방법은 자칫 강의실 분위기를 망칠 수도 있으므로 조심해야 합니다.
4. 신뢰가 떨어지는 오버액션은 더 안 좋은 분위기를 만들 수도 있습니다. 계획과 준비가 안 되었거나, 진행자의 잘못이 눈에 보이는데

도 그것을 커버하려고 오버액션을 할 때 신뢰가 떨어지게 됩니다. 잘못되었음을 솔직하게 인정하고 전문성을 가지고 다시 회복할 수 있는 기회를 만들어가는 것이 더 좋은 방법입니다.

5. 교육, 성공, 습관, 리더십, 상담, 종교, 변화, 패러다임이라는 교육 테마에 어울리지 않는 비속어나 성(性) 관련 블랙유머는 사용하지 않는 것이 좋습니다. 자칫 참가자들의 기분을 상하게 하면서 강사에 대한 신뢰, 교육의 질과 수준을 한순간에 무너뜨릴 수 있습니다. 특히 아재개그나 난센스 퀴즈, 유머를 스팟으로 사용할 때, 성(性)적인 뉘앙스를 풍기는 스파팅을 하게 되는 경우, 강사의 수준까지 오해하게 됩니다.

스팟 아이디어 발상을 위한
기본자세

"스팟은 강사들을 좀 더 멋지고 매력적인 리더로 만들고
강의장을 분위기 좋은 장소로 만든다.
하지만 아무도 스팟에 대해 진지하게 생각하지 않는다."

― 영민한 발견

창의적인 아이디어를 위한 워드 파워 Word Power 를 알고 있습니까? 모든 전문 분야마다 자신만의 워드 파워를 가지고 있습니다. 그것도 코어 워드 뱅크 Core Word Bank 로 가지고 있습니다. 훈련, 연습, 반복, 노력, 용기, 동기부여, 코칭, 칭찬, 인정, 집중, 사랑, 용서, 독서, 투자, 운동, 비폭력 대화, 판매, 디자인, 리더십, 랩, 경청, 가치, 태도, 고전, 인문학, 공부, 게임, 갑질, 로봇……. 당신은 지금 어떤 '핵심 단어'에 관심을 집중하고 있습니까?

광고 카피라이터들의 카피, 시인들의 시어詩語, 작사가들의 유행가 가사, 트렌드를 읽어내는 개그맨들의 유행어, 교육자들의 인간 변화를 위

한 신조어, 기업을 대표하는 브랜드, 일간 신문의 4단 만화 작가들의 작품 등은 그들의 삶 속에서 자신만의 지식과 정보, 체험과 경험 그리고 풍부한 상상력의 결정체가 조화를 이루어 탄생되는 창의적인 작품들입니다. 이들의 작품세계를 생각하면서 당신의 창의적인 스팟 아이디어를 모아가기 위한 발상의 전환을 시작해봅시다.

새로운 문제의식의 패러다임을 가져라

모든 문제에는 해결책이 있습니다. 오랜 학교생활이 우리에게 준 습관과 경직된 태도는 정답이 하나라고 생각하게 합니다. 하지만 해결책 Solution은 단지 하나가 아닙니다.

당신은 '문제'를 만나면 그 문제에 대해 어떤 생각과 태도를 취합니까? 문제라는 단어는 부정적인 의미를 품고 있으며, 스트레스를 유발하는 불안한 단어로 마음의 문을 닫아버리게 합니다. 문제라는 부정적인 단어 대신 '현상'이라는 단어를 사용해 이렇게 말해보세요.

"어라, 이것 봐라, 여기 재미있는 현상이 벌어졌는걸!"

현상이라는 단어는 이상하게도 부정적이지도 긍정적이지도 않은 중립적인 의미를 담고 있습니다. 문제라는 단어가 투쟁과 비난, 결함, 실망의 의미를 담고 있다면 현상은 그냥 다루면 된다는 의미를 갖습니다. 당신에게 일어나는 모든 문제들을 현상으로 다루어보세요.

"오늘 정말 재미있는 현상이 발생했어. 어떻게 저런 상황이 벌어질 수 있지?"

이렇게 되면 우리 마음은 극복해야만 하는 문제 상황에 처한 급박함이 아니라, 어떻게 처리해야 할지 중립적으로 고민하는 여유를 갖게 됩니다.

더 좋은 단어는 '도전'이라는 단어입니다. 이 단어는 매우 긍정적인 심상을 전해줍니다. "여기 해볼 만한 도전이 있어"라고 스스로에게 말해보세요. 당신의 내면세계에서 승부 근성이 뻗어 나오면서 긍정적인 마음가짐을 갖게 해줄 것입니다. 도전은 승부를 거는 것이며, 아주 긍정적인 것이고, 과감한 것입니다. 그러니 문제라는 말 대신에 도전이라는 말로 바꾸어서 사용하기 시작하세요.

"올해도 우리가 기대하지 않은 도전거리들이 우리 팀을 기다릴 거야."
"지금 당장 내가 도전해야 할 것들이 무엇이지?"

그러나 가장 좋은 말은 역시 '기회'라는 단어입니다. 기회라는 단어는 아주 긍정적이며, 왠지 나에게 많은 이익을 가져다줄 것 같은 느낌을 줍니다. 성공한 사람들의 삶이 우리에게 주는 교훈은 우리 삶의 모든 문제, 결함, 어려움에는 기회가 숨어 있다는 것입니다.

우리 주위를 살펴보면 위협과 위기, 약점을 오히려 좋은 기회로 삼아 성공한 사람들이 아주 많습니다. 우리가 어떤 문제 상황에서 기회를 찾으려 할 때, 그와 동시에 스트레스나 불안감이 생겨 기회를 못 찾게 될 수도 있습니다. 왜냐하면 문제를 생각하면서 동시에 기회를 생각할 수 없기 때문입니다.

그래서 성공적인 교육 진행자와 명강사들은 항상 긍정적인 면만 보려고 노력합니다. 그들은 긍정적이고 창의적인 문제해결 의식을 가지고 기회를 찾고, 도전합니다.

"문제를 생각하면서 동시에 기회를 생각할 수는 없다!"
- 브라이언 트레이시

자, 다음에 한 문장이 숨어 있습니다. 천천히 읽어가며 어떤 문장인지 완성해보세요.

"Opportunityisnowhere!"

Opportunity is no where! 순서대로 끊어 읽다 보면 이렇게 읽게 됩니다. 눈을 씻고 보아도 어디에도 기회가 없다고 말하는 사람들도 있습니다. "이젠 끝이야, 다 해봤어, 절망이야" 하며 매사에 쉽게 포기하는 사람들은 눈에 보이는 것만 가지고 이야기하는 사람들입니다. 그러나 Opportunity is now here!라고 조금 더 내다보고 다르게 볼 수 있는 사람들은 매사에 모든 문제를 쉽게 포기하지 않고 거기서 새로운 기회를 보는 지혜로운 사람들입니다.

"Opportunity is now here!"

당신은 지금 여기 이 자리가 기회이고, 바로 지금 이것이 기회라고 말하는 사람입니까? 미래 사회의 새로운 부유층은 Nowherians ^{지금 여기주의자들}입니다. 기회^{Opportunity}라는 단어 대신 어떤 단어들을 사용할 수 있을까요? 생각해봅시다. 사람들은 꿈이 없고, 서비스가 없고, 리더십이 없다고 말합니다. 그러나 그 상황, 그 불만 때문에 고객이 원하는 서비스가 지금 여기에서부터 시작되는 기회가 될 수 있고, 고통스럽지만 리더십을 발휘하는 상황이 될 수 있는 것입니다.

Vision | Dream | Service | Leadership……

"Service is now here!"

정보를 주는
스팟팅을
하라

당신은 좋은 정보들을 어디서 얻습니까? 정보화 시대, 지식기반 사회입니다.

수많은 정보가 매스컴, 인터넷, 출판물을 통해 제공되고 있습니다. 순간적으로 고객 학습자, 모임 참석자의 몰입과 집중을 끌어내는 정보와 나만의 지식을 가지고 있다면 당신은 강의와 모임을 살리는 스팟터 Spotter가 될 수 있습니다. 그러나 이 모든 정보들을 공유하고 유통시키는 사람들, 특히 당신과 전혀 상관없는 사람들을 만나면서 새로운 정보가 시작된다는 것을 잊지 마세요.

특별히 즐거움을 주는 것을 넘어서 정보를 주는 스팟팅을 하세요. 그렇게 하면, 당신의 교육 진행과 아침저녁의 조회시간, 강의 시간에 대한 기대가 커질 것입니다.

어린아이의 마음과, 노인의 경험과 지혜 그리고 젊은이의 지적 열정이 당신에게 다양한 정보를 가져다줄 것입니다.

"모두가 같은 생각일 때,
깊게 생각하는 사람은 그곳에 없는 것이다."
- 월터 리프먼

좋은 정보는 강의와 모임을 부드럽게 만드는 스팟이 됩니다. 새로운 정보에는 사람들의 생각과 마음을 집중시키는 힘이 있습니다. 창의성이 톡톡 튀는 정보에는 참석한 사람들의 마음을 여는 영향력이 있습니다. 정말 좋은 책, 새로운 여행지, 건강이나 효과적인 다이어트, 자녀 교육에 대한 아이디어 등 생활과 일터에서 활용할 수 있는 창의적인 아이디어 등을 제공하는 것도 좋은 정보가 됩니다. 정보는 사람의 마음을 열고 얻는 데 큰 힘이 됩니다.

"지식은 최고급 권력의 원천이며,
앞으로 닥쳐올 권력 이동의 핵심이다."
- 앨빈 토플러

경험의
학교에서
계속 배워라

좋은 스팟은 '다양하게 축적된 경험'이라는 인생 수업에서 나옵니다. 스팟에는 단순히 기교와 내용만으로 전달되는 그 이상의 것이 있어야 한다는 말입니다. 우리는 책을 통해서 얻는 다른 사람들의 인생 경험을 교양이라 부르며, 자신의 경험을 지혜라고 합니다.

당신이 실제로 보고 싶고, 듣고 싶고, 행동으로 옮기고 싶은 것들을 직간접적으로 체험하세요.

특별히 강의를 하거나 프로그램을 진행하다가 갑자기 어떤 상황에 부딪힐 때, 당신의 경험은 그 상황을 더 좋은 상황으로 발전시켜갈 것입니다.

키에르케고르는 "인생은 오직 뒤돌아볼 때만 이해할 수 있지만, 삶을 살아가기 위해서는 앞을 바라보아야 한다"라고 말했습니다.

간디는 "경험의 폭이 넓을수록 인격은 더욱 강해진다"라고 말했습니다. 저의 경험에 비추어볼 때, 스팟이 스팟 이상의 효과와 역할을 하게 될 때는 스팟 기법이 경험이 많은 강사의 직감으로 작용해 아주 작고 사소한 것을 가지고도 사람들의 마음을 움직이게 하거나 가장 적절한 소재로 활용되기도 합니다.

또, 괴테는 "경험은 최고의 마술 지팡이다"라고 했습니다. 많은 사람들이 경험 그 자체를 스토리 스팟팅으로 활용합니다. 그 경험이 자신의 경험일 때, 그 효과는 기적처럼 사람들을 울고 웃게 하는 힘이 됩니다. 자신의 변화를 말하는 간증이 그렇고, 인생 역전의 휴먼스토리가 그렇습니다.

경험이라는 축적된 지식, 정보의 기술을 잘 활용해서 강의하고 모임을 이끌어나갈 때, 훌륭하고 창의적인 자신만의 색깔을 가진 맛깔스런 스팟팅을 할 수 있게 됩니다.

모방하라!
모방하라!
그리고 창조하라!

    잭 웰치Jack Welch는 모방의 천재였습니다. 그의 사업과 경영 혁신의 모든 아이디어들은 책과 미래학자, 경영 사상가들과의 만남을 통해 새로운 경영 기법으로 창조된 것들입니다.

    워크아웃, 1등 아니면 2등의 구조조정과 M&A가 그렇고, 식스 시그마가 대표적입니다.

    남이 먼저 시작했으니까 절대로 따라 하지 않는다고요? 큰일 날 소리입니다. 창작의 첫걸음은 작은 모방에서 시작됩니다. 당신의 강의력을 키우고자 한다면, 먼저 역할 모델을 정하고 그를 본뜨거나 철저하게 모방하세요. 그러면 어느 순간 당신만의 독창적인 스타일이 나오게 될 것입니다. 먼저 좋은 사람과 프로그램을 만나야 합니다. 그리고 좋은 프로그램 내용을 그대로 따라 하면서 시작하세요. 그리고 반복하세요! 그래야 가장 좋은 당신만의 스타일이 창조됩니다.

"독창성이라는 것은
모두 선인들에게서 표절한 것이다."
– T. S 엘리엇

　마음속 역할 모델이 될 최고의 강사와 교육 진행자를 떠올려보세요. 누구입니까?

　그리고 그들이 콘텐츠를 전달할 때 사용하는 다양한 방법들을 살펴보세요.

　어떻게 시작합니까? 무엇으로 시작합니까? 어떤 방법을 주로 사용합니까? 중간중간 참석한 사람들을 어떻게 대합니까? 그리고 끝낼 때 효과적인 마무리를 위해 어떤 수고를 합니까? 이런 것들을 살펴보고 대충 따라 하기보다는 철저하게 모방하기 위해 오프닝과 클로징 부분을 시나리오화하세요.

　그렇게 하다 보면 자신만의 생각과 방법이 더 첨가되면서 그 모임, 그 사람들을 위한 가장 좋은 방법이 창조되는 것입니다.

　우리가 발견하는 모든 좋은 것은 반복과 연습 그리고 훈련을 통해서 위대하게 만들어진 것입니다.

읽고 또 읽어라!
모든 지도자는
독서광이다!

"All good leaders are good readers!"

모든 훌륭한 지도자들은 훌륭한 독서가들이란 말을 알고 있을 것입니다. 책을 읽는 것만으로도 당신은 새로운 정보와 아이디어를 만나는 것입니다. 책 속에는 많은 경험과 문제해결법, 재치와 상상력이 가득합니다. 정말 좋은 책을 소개하는 것으로 당신의 모임에서 오프닝과 클로징 스팟을 할 수 있습니다.

당신이 책을 통해서 알게 된 많은 정보들과 아이디어를 가지고 스팟팅과 아이스브레이크를 해도 좋을 만큼 사람들은 책을 읽지 않습니다.

하루에 한 시간씩 책을 읽는 것만으로도 당신은 스팟 아이디어를 수집하기 위한 기본자세를 갖추었다고 할 수 있습니다. 만일 당신이《스몰토크 Small talk》라는 책을 읽는다면 당신은 스팟에 관해서 다른 사람보다 훨씬 좋은 정보와 아이디어를 가진 강사가 되는 것입니다.

《성공하려면 액션러닝 하라》를 읽어보세요. 강의에 대한 생각과 활용도가 달라질 것입니다.

《3분력》은 정말 많은 강사들에게 권했습니다. 그런데 읽는 사람이 그렇게 많지가 않습니다. 겨우 몇 사람만이 이렇게 좋은 책을 소개해주어 고맙다고 했습니다.

읽어도 겨우 한 번 읽고 마는 사람과 두 번, 세 번 곱씹으면서 읽는 사람은 벌써 스팟팅에 접근하는 태도부터가 다릅니다.

"좋은 책을 읽는 것은 지난 몇 세기에 걸쳐
가장 훌륭한 사람들과 대화하는 것과 같다."
– 르네 데카르트

좋은 책을 쓴 많은 사람들의 생각을 액션러닝 SIT 기법에 연결하는 통찰력으로 바라보면, 모든 것이 아이디어와 정보가 되고, 새로운 기회를 만나는 경험이 됩니다.

"지루한 사람과 어울리지 마라!"

이 말은 1962년 'DNA 이중나선 구조의 발견'으로 노벨 생리의학상을 받은 제임스 듀이 왓슨이 쓴 책의 제목이기도 합니다. 그가 과학에서 배우는 삶의 교훈으로 첫 번째 꼽는 교훈이 '지루한 사람과 어울리지 마라'입니다.

남들도 다 할 수 있는 지루한 연설은 절대 하지 마라. 뻔히 예측할 수 있는 말을 하면 청중은 귀를 닫고 지갑을 잠그기 마련이다. 마찬가지로 따분한 짓은 바쁜 사람들을 모아 놓고 별다른 의견을 내놓을 가치도 없는 문제에 대해 회의하자고 하는 것이다. 유효한 결정을 내릴 것도 아니면서 모임을 여는 것도 못지않게 나쁘다. 어느 경우든 참석자들은 곧 그런 회의에 참석하기를 거부할 것이다. 시간 낭비라는 걸 알고 있으니 말이다.

남을 지루하게 만들지 않으려면, 당신부터 지루하지 않은 사람이 되려고 노력해야 한다. 스스로가 지루하게 느낀다면 위기인 셈이다.

지도자는 참신한 활동이나 사고에 마음을 노출함으로써 끊임없이 스스로를 재편해야 한다.

베스트셀러나 소설류의 편향되고 취향이 한정된 독서를 뛰어넘어 광범위한 독서 습관을 갖추세요. 그러면 다양하고 창의적인 스팟 아이디어를 끄집어낼 수 있습니다.

상상하라!
그리고 꿈꿔라!
최고의 강의를!

상상^{想像, Imagination}이란 무엇입니까? 마음속으로 그리며 미루어 생각하는 것, 공상^{空想}하는 것, 실제로 지각되지 않은 사랑을 마음에 떠올리는 것, 사물의 사정과 사람의 마음을 헤아리는 것, 현실의 지각에 없는 사물의 심상^{心象}을 마음에 생각해 그리는 것입니다. 그래서 파울 클레^{Paul Klee}는 "화가는 눈으로 볼 수 없는 것까지 그려야 한다"라고 말했습니다.

"상상하고 꿈꾸는 것은 창조의 기본이다.
꿈이나 상상 없이 현실을 좇아 반복되는 하루하루를 살아가는 동안
당신의 머리는 진부해지고 창조성을 잃어갈 것이다."
– 유진 로도센푸

화가, 작가, 만화가 들의 상상에 의해 그려졌던 모든 사물과 인간의 꿈들_{우주선, 로봇, 비행기, 자동차, 컴퓨터의 세계 등}이 지금 우리 현실에서 다 이루어지지 않았는가요?

항상 최고를 기대합니까? 최고의 강의를 상상하세요. 예를 들어, 내일 있을 강의를 마음속으로 리허설 하면서 강의를 준비하는 것부터 설계하는 모든 것을 말합니다.

당신은 언제 상상합니까? 어떤 상상을 합니까? 상상은 명상과도 같습니다. 상상은 자신과 미래의 목표에 대해 집중하게 합니다.

저는 책을 읽을 때나 운동을 할 때 달리기, 등산 집중해서 저의 목표, 가장 중요한 것들에 대해 많이 생각합니다. 특별히 강의를 준비하면서, 강의 주제와 목표에 대한 설계도를 그려나가면서 생각과 상상의 날개를 폅니다. 며칠 후의 강의를 시각화하고 언어화하면서 자신감을 갖고 최고의 강사로서의 역할을 마음속에 그려보는 것입니다.

"주위에 아이디어는 얼마든지 있다.
그러나 찾으려는 사람에게만 행운이 온다."
− 세렌디피티

어떻게 시작할까요? 오프닝을 무엇으로 하면 가장 재미있을까요? 마무리는 어떻게 하는 것이 가장 효과적으로 감동을 줄까요? 이런 생각과 상상이 다양한 스팟거리를 창조하게 합니다.

《끌리는 사람은 1%가 다르다》의 저자 이민규 교수는 강의를 할 때도 답을 찾는 것보다 질문을 하는 것이 더 중요하다고 말합니다. 그래서 강의를 할 때 질문으로 시작하고 질문으로 마무리를 합니다. 질문을 던지는 사람은 답을 피할 수 없고, 답을 찾으려면 질문을 해야만 하기 때문이랍니다. 그는 질문의 3단계 공식을 다음과 같이 말합니다.

1. Why?

- 끌리는 것이 왜 중요할까?
- 쥐를 잡기 위해서는?(쥐의 머릿속에 들어가야 한다)
- 왜 1%가 다른가?

2. What?

- 사람을 좋아해서 연구한다.
- 부단히 실천하고, 도전한다.

3. How?

- Stop & Think
- Here & Move
- One day, One thing

그리고 이렇게 말합니다.
"모든 선택에는 반드시 끌림이 있다!"

당신이 최고의 강의를 꿈꾸고 참가자들에게 최고의 강연이었다는 평가를 받기 원한다면, 그 첫 번째는 먼저 그들을 끌어당기는 힘, 매력 DNA가 있어야 합니다. 그들을 당신의 강의에 집중시키고 몰입하게 할 '그 무엇'이 있습니까? 질문하고 생각하고 상상하세요. 최상의 경험을 공유하게 하세요.

앞에서 정리한 것처럼, 다음 단어들을 검색해서 정리해보세요. 사전을 찾아보고 자신만의 정의를 내리세요. 그리고 다른 사람들은 뭐라고 개념 정리를 하는지 알아보세요.

문제, 사랑, 정보, 기록, 협상, 경험, 모방, 관찰, 실패, 용서, 상상, 방법, 자극, 선입관, 놀이, 재능, 게임, 재치, 장애, 비유, 코칭, 이미지, 기억, 변화, 커뮤니케이션, 언어, 연극, 사고, 연상, 능력, 웃음, 암시, 자유, 집중, 설득, 계획, 행운, 습관, 비몽사몽, 시간, 유비, 창조, 비유……

저는 방송 프로그램 중 〈스펀지〉식의 문제해결 방식을 좋아합니다. 사람들의 완성 충동을 이용해 그 질문에 자신의 생각을 무엇이든 한마디씩 할 수 있게 만드는 방식이 맘에 듭니다. 그래서 강의 중에도 가끔씩 다음과 같이 예문을 제시하고 문제를 해결해갑니다. 물론 생각나지 않거나 모르면 다음 사람으로 넘어가면 됩니다.

- 문제란 _____ 이다!
- 커뮤니케이션이란 _____ 하는 것이다.
- 사랑은 _____ !
- 리더십은 _____ 이다.
- 상담이란 _____ 다.
- 퀴즈는 _____ 다.

그리고 무슨 이야기든 생각나고 연상되는 것, 상상할 수 있는 모든 것을 가지고 가능성 있게 연결해보는 것입니다. 스스로 생각하기를 멈추거나, 스스로 한계를 긋지 않는다면, 지금 자신이 직면해 있는 문제나 상황과 연결지어 말 같지도 않은 단어를 이 빈칸 속에 넣어 보면, 잠재능력이 열리는 경험을 하게 될 것입니다.

스팟 기법
선택의
5P

스팟거리를 선택할 때 어떤 원칙과 기준이 필요합니까? 사람들마다 자신의 경험과 기호에 따라 다르게 스팟을 선택합니다. 자신만의 것, 자신의 강점으로 활용할 수 있는 분야와 콘텐츠가 있기 때문입니다. 즉 나만의 방법이 있다는 것입니다.

그래서 어떤 모임을 진행하든 자신만의 방법으로 같은 내용을 반복합니다. 그러나 그렇게 해서는 발전을 기대할 수 없습니다. 물론 자신만의 스팟 영역을 가지는 것은 좋은 방법이지만, 이제부터는 당신의 강의에 더 효과적이고 창의적인 결과를 가져오기 위해 5P에 근거한 스팟거리를 선택하는 기준을 가지고 진행해봅시다.

Purpose^{목적 확인}: **전체 모임의 목적과 각 프로그램의 목표는 무엇인가?**

전체 시간표를 살펴보며 교육의 목적과 주제가 무엇인지를 확인하고 전체 내용과 관련 있는 스팟을 준비하는 것이 좋습니다.

강의 의뢰가 들어올 때마다 가장 먼저 확인하는 것이 있습니다. 그 강의의 목표가 무엇이냐는 것입니다. 아무리 강의를 잘 소화해내도 그 모임의 목적에 부합하지 않는다면 아무 소용이 없기 때문입니다. 그래서 분명한 교육 목적과 목표를 확인해야 합니다.

창의적 강의 기법으로 '스팟' 강의를 요청받을 때도 마찬가지입니다.

수많은 강의를 진행해야 하는 사내 강사들의 역량 강화, 지점장들이 아침조회를 즐겁게 운영하기 위해 필요한 스팟 자료 공유, 방문 판매 교육을 위한 아침교실에서 사용할 짧은 스팟거리 20개 습득, 서비스 강사들을 위한 교육 목표에 따른 스팟 아이디어 등 분명한 목표가 확인되어야 좋은 강의를 하고 강의의 완성도를 높일 수 있습니다.

학교 수업을 학기별로 진행해나가야 하는 교사나 교수들의 경우 한 학기15주 동안 필요한 15개의 오프닝, 15개의 동기부여를 위한 액션러닝, 15개의 클로징을 습득해 강의교안에 직접적으로 적용해 사용할 수 있는 교수 목표를 세워야 만족도가 높게 나올 수 있습니다.

〈자부심과 리더십〉이라는 리더십 특강을 의뢰받을 때도 성공적인 강의를 위해 목적과 목표 확인을 분명히 해야 오프닝과 크로징 스팟을 선택할 수 있고, 더 나아가 학습자들이 즐겁게 참여할 수 있는 액션러닝이 될 수 있습니다.

People's Need니즈 파악: 강의 대상은 누구이며 그들의 기본 욕구는 무엇인가?

스팟을 하지 않는 것이 더 좋을 때도 있습니다.

참여 인원은 몇 명입니까? 연령 분포는요? 남녀 비율은요? 화이트칼라입니까? 감정노동자들입니까? 어떤 일을 하는 사람들입니까?

당신이 항상 활용하는 모든 스팟 프로그램들이 모든 계층의 사람들에게 적용되는 것은 아니기 때문에, 참가 대상이 20대, 30대, 40대, 50대냐에 따라 스팟의 내용과 질이 달라집니다.

예를 들어, 예절교육원에서 학부모들을 대상으로 〈우리 아이 리더십 키우기〉라는 강의를 할 때 기업에서 사용하던 스팟이나 스토리 아이디어들을 그대로 사용해서는 안 된다는 것입니다. 전업주부와 커리어우먼의 니즈가 다르고 참석한 환경이 다르고, 기업 신입사원들과 창업을 준비하고 있는 퇴직자들의 니즈가 다르다는 것을 기억해야 합니다.

한번은 'ㅎ' 기업의 퇴직자들을 모아 재취업을 위한 교육을 하는데 이 교육을 담당한 컨설팅 회사에서 교육의 활력과 효과를 위해 컨설팅 회사 직원 및 강사들을 위한 스팟, 아이스브레이크 강의를 요청한 적이 있습니다. 50대가 넘은 분들을 교육하면서 강의를 재미있고 효과적으로 하기 위해 어떤 스팟팅과 아이스브레이킹이 필요하겠느냐는 것이었습니다. 이때 기억해야 할 것은 스팟이 통하지 않고 차라리 스팟을 하지 않는 것이 더 나은 대상들도 있다는 것입니다. 먹히지도 않을 어설픈 스팟으로 강의를 시작하기도 전에 참가자들에게 부정적인 태도를 가지게 할 필요는 없지 않을까요?

기업의 임원들을 대상으로 강의할 때도 스팟이 별로 쓸모없을 수 있습니다. 이미 강의를 들을 준비가 된 사람들에게 굳이 워밍업을 할 필요가 없지 않을까요? 또, 스팟이 만능이 되어서는 안 됩니다. 당신의 강의에 참석한 사람들은 누구인가요? 그들의 분명한 니즈를 파악해 스팟을 할 것인지 안 할 것인지, 어떤 스팟을 할 것인지를 결정할 수 있어야 합니다. 또, 참석자가 몇 명인지도 분명히 파악해야 합니다. 30명 정도 참석할 것이라고 해서 갔더니 80명이 앉아 있는 경우라면 장소의 환경과 자료의 부족, 게다가 스팟의 콘텐츠도 다르기 때문입니다. 참석자들의 니즈 파악 못지않게 참석 인원 확인도 중요하다는 것을 기억하세요.

Place^{장소 확인}: 어떤 장소인가? 시설은 어떤가?

실내입니까? 야외입니까? 의자가 있습니까? 마룻바닥입니까? 활동 공간이 전혀 없습니까? 극장식 의자를 갖춘 대강당입니까?

액션 스팟이나 게임 스팟은 장소가 아주 중요합니다. 준비해 간 프로그램을 제대로 진행할 수 없는 장소라면, 시작부터 순탄하지 못할 것입니다. 물론 유머 스팟이나 스토리 스팟 등 순간 대처 능력으로 순발력 있게 강의를 진행할 수 있겠지만, 먼저 장소를 확인하고 그에 따라 준비된 프로그램대로 진행하는 것이 좋습니다.

한 화재보험 회사에서 인도어 액션러닝 프로그램을 진행할 때였습니다. 2층 장소가 배정되었고, 약 1시간 정도 진행하는데 아래층에서 중요한 모임을 하고 있으니 조용히 해달라는 것입니다. 준비한 프로그램을 제대로 진행하기 위해 쉬는 시간 후, 곧바로 지하로 장소를 바꿀 수밖에 없었습니다. 준비된 강의안을 가지고 진행하려고 할 때, 장소와 시설이 따라주지 않아 프로그램을 바꾸어야 하는 경우도 발생합니다.

당신도 그런 경험이 있습니까? 양지에 있는 D 연수원에서 3박 4일 리더십 프로그램을 강의하던 중, 자연이 아름답고 꽃이 만개해 야외 장소를 이용한 적이 있습니다. 실내에서 강의를 하고 팀별로 주어진 과제를 가지고 야외로 흩어져 토론을 한 뒤 휴식 시간까지 주어 산책을 하게 한 것이 좋았다는 피드백이 바로 왔습니다.

강의 장소와 부대시설을 잘 파악하면 다양한 교육 장면을 연출하며 지루함과 단조로움을 벗어던질 수 있습니다. 한 장소에서 강사 한 사람이 프로그램을 이끌어가는 것보다 참석한 사람들이 전체 속에서 또는 소그룹으로 나뉘어 다양한 자기 경험과 지식을 서로 나누어가질 수 있는 환경은 장소성에 따라 가능합니다.

당신이 프로그램을 진행할 장소가 어디인가를 꼭 확인하세요. 장소 확인을 하면서 꼭 기억해야 할 것은 위험 요소와 안전사고입니다. 저의 경우에는 강의 1~2시간 전에 도착해 먼저 장소를 확인하면서 밑그림을 그립니다.

Process 진행 과정: 어떤 형태로 과정을 진행하는가?

교육의 목표와 대상을 고려해 가장 적절한 방법을 선택해야 합니다. 교육 과정은 주최 측에서 계획한 대로 진행되는 경우가 대부분입니다. 그러다 보면 전통적인 좌식·주입식 교육을 할 수밖에 없는 경우가 많습니다.

참가자들과 보다 즐겁고 재미있는 과정을 만들어내고 싶어도 전체 진행 과정 속에서 진행 형태를 바꾸고 새로운 환경을 요구하는 것은 어렵고 번거로운 일이 되어버립니다. 그래서 결국 주어진 형태로 과정을 진행하게 됩니다. 이때 주어진 시간 동안 최상의 경험과 효과를 주는 시간 계획을 할 수 있도록 협의를 해야 합니다. 그리고 과정 진행에 따른 장소 선택, 참가자에 대한 자세한 기록 등을 먼저 받아 어떤 과정 진행 방법을 선택할 것인지 당신이 결정할 수 있어야 합니다.

그렇게 해야 그 상황에 적절한 오프닝 스팟, 교육 내용과 관련 있는 정보를 주는 스팟을 공유할 수 있고, 이 프로그램에 어느 정도 시간을 활용할 수 있는가를 결정할 수 있습니다.

Performance 결과: 어떤 성과를 기대하는가?

스팟 프로그램을 계획해 진행한 뒤에는 평가와 함께 새로운 깨달음 등 자세한 기록을 남깁니다. 스팟의 선택 및 활용을 성공적으로 해본 경험을 통해 당신은 당신을 매력적인 모임의 리더로 만들어나갈 수 있을 것입니다.

'끝이 좋아야 한다'고 했듯이 강의를 하다 보면 시간에 쫓겨 마무리를 제대로 하지 못할 때가 있습니다. 시간 활용을 잘못해서 준비한 클로징 스팟도 사용하지 못하고 허겁지겁 끝낸 적이 있습니까? 적어도 시작과 끝에는 최소한의 시간을 확보해 당신의 강의에 참석한 사람들에게 강의 전체를 생각해보는 시간, 행동으로 경험한 것들을 상호간에 피드백 할 수 있는 시간을 갖도록 계획해야 합니다. 각자의 피드백은 참가자들로 하여금 교육에 대해 좋은 기억을 간직하고 돌아가게 할 것입니다.

무엇이든 끝이 좋아야 한다는 말은 진리입니다.

스팟을 통한
기대 효과

학습에 있어 스팟 기법이 주는 파급 효과는 다음과 같습니다.

좋은 분위기가 조성되고 상황이 부드러워진다

시작이 반이라고 했습니다. 간단한 인사, 노래, 게임, 퀴즈, 굿 뉴스, 그림, 영화, 만화 등으로 시작해봅시다.

어떤 것으로 시작하든 스팟은 학습 분위기를 조성하는 효과가 있습니다. 지루하고 졸릴 때, 식사 후 스팟은 분위기를 반전하고 상황을 부드럽게 만듭니다.

스팟은 강의 분위기를 살리는 최상의 반전을 느끼게 해줍니다.

주의력과 집중력이 상승된다

스팟 없는 강연이나 강의에 참여한 참가자들은 강의에 몰입하기까지 걸리는 시간 동안 주의력과 집중력을 잃게 됩니다. 몸은 와서 앉아 있지만—출석 체크를 위해 머릿수는 채우고 있지만—강의에 집중하지 못하고 주의가 산만해 생각은 아직 강의장에 오지 않았거나 다른 곳에 가 있는 경우가 많습니다. 학습에 임하는 참가자들은 강사의 스팟을 통해 몸과 마음과 생각을 한곳으로 모으며 강의에 몰입하게 됩니다.

긴장감이 깨어진 상황으로 인해 관계가 형성된다

긴장하게 되면 학습 효과가 떨어지고 기억력도 떨어지게 됩니다.

스팟은 강의를 여유롭게 시작하게 해 학습자 상호간의 관계를 형성하고, 학습에 임하면서 승-승Win-Win 학습을 할 수 있는 파트너십을 형성하게 합니다.

간단한 상호작용을 통한 대화와 관계 촉진으로 참가자들의 마음이 열립니다.

재미있는 시작으로 교육에 대한 호기심을 자극한다

무언가를 배우는 것은 진지하고 심각한 것이라는 고정관념이 다양한 오프닝 스팟을 통해 호기심으로 바뀔 수 있습니다. 그런데 요즘에는 웃음과 재미Fun가 화두이다 보니 너도나도 펀 경영, 재미있는 교육 방법을 도입하다가 교육 내용과 전혀 관계가 없는 시간 낭비, 재정 낭비로 끝나는 경우도 많습니다. 게임일지라도 재미있으며 교육 내용과 관련이 있는 유익한 것들도 많이 있습니다. 왜 이 스팟을 하는지요? 과연 이것이 참가자들의 교육과 어떤 관련이 있는지요? 사람들의 호기심을 자극하는 스팟은 재미있는 교육을 위한 시작이 됩니다.

고정관념을 깨고 참가자들의 태도를 바꾼다

사람들마다 교육에 대한, 교육 강사에 대한 선입견이 있습니다. 이런 고정관념은 교육이 시작되기도 전에 '뻔하고, 재미없고, 지루할 텐데……'라는 부정적인 태도를 갖게 합니다. 스팟은 이런 선입견을 깨뜨려 학습자들로 하여금 교육에 임하는 태도를 바꾸게 만듭니다.

잘 선택된 스팟은 학습자의 순간적인 심적 상태와 생각을 바꾸는 효과가 있습니다. 당신은 강의에 대해, 학습자에 대해 어떤 고정관념을 갖고 있습니까?

> **Tip** 강의를 시원하고 재치 있게 잘하는 강사와 지루하고 답답한 강사 사이에는 차이가 있습니다. **최고의 강사에게는 있는데, 평범한 강사에게는 없는 것이 있습니다.**
>
> - 아이스브레이킹이나 스팟팅이 있고, 없고…….
> - 그림을 쓰는 게 다르고…….
> - 액션러닝이 있고, 없고…….
> - 음악이 있고, 없고…….
> - 학습 참가자의 참여가 있고, 없고…….
> - 선물이 있고, 없고…….
> - 오프닝과 클로징이 있고, 없고…….
> - 시간 관리가 있고, 없고…….
> - 강의 내용에 적절한 영상이 있고, 없고…….
> - 토론이나 브레인스토밍이 있고, 없고…….

이런 모든 것이 스팟 기법 선택의 5P와 관련이 있다고 생각합니다. 당신의 강의에 날개를 달아 강의에 대한 기대 효과와 완성도를 높이는 팁이 되기를 기대합니다.

누가 스팟을
가장 필요로
하는가?

SIT^{Spot, Ice Break, Team Building}의 필요성을 알면서도 당신은 왜, SIT를 활용하는 것을 어려워하고 두려워하는가요? 중요한 내용을 전달할 때, '간단한 SIT'가 가지는 힘과 영향력은 실로 큽니다. 두려움과 어려움을 떨쳐 버리고 SIT의 세계로 들어가 봅시다.

자, 다시 한 번 기억을 더듬어 봅시다. 왜 스팟 기법이 필요합니까?

스팟 기법은 짧은 시간에 상대방 및 교육 참가자의 주의를 집중시키고 적극적인 참여를 유도하며 일체감과 성취욕을 북돋우는 고도의 심리 연출법입니다.

누가 스팟을
가장 필요로 하는가

　사람들은 수많은 강의 교수법 중 가장 쉽고, 편하고, 익숙한 습관적인 방법들을 고수합니다. 학문의 경계를 넘나들며 21세기가 원하는 융합과 통섭형 인재들로 가르쳐야 할 강사와 교사들이라면 다양한 분야의 소중한 자료를 활용해야 하는데 이 얼마나 큰 실수입니까? 또, 얼마나 큰 낭비입니까? 당신은 어떤 교수법으로 가르치고 있습니까? 만약 당신이 말하려고 하는 교육의 본질이 훼손되지 않는다면 이 세상에 펼쳐져 있는 모든 방법들을 활용할 필요가 있다고 생각합니다. 당신은 이것에 대해 어떻게 생각하십니까? 구체적으로 생각을 전개해보십시오.

　"순간^{spot}의 선택이 강의 분위기를 좌우한다!"

　스팟 기법을 잘 활용하는 사람들, 최고의 아이스브레이커$^{Ice\ Breaker}$는 누구입니까? 승-승$^{Win-Win}$ 시대의 팀 빌더$^{Team\ Builder}$는 누구입니까? 먼저 당신을 스팟팅^{Spotting} 하세요!

> **Tip** 동기 유발을 위한 다양한 교수법 활용에는 어떤 것들이 있습니까?

에머슨은 "사람들은 서로 다른 온도에서 끓는다"고 말했습니다. 여기에 다양한 교수법을 활용해야 하는 이유가 있습니다. 모임에 참석해서 몸은 와 앉아 있지만 생각과 마음은 다른 곳에 가 있는 사람들, 억지로 끌려와 앉아 있어 포로처럼 불평불만만 늘어놓는 사람들, 맘 편하게 쉬겠다고 눈 감고 잘 작정을 하는 사람들, 눈에 불을 켜고 배우겠다는 열정으로 가득 찬 사람들, 이 사람들을 하나도 놓치지 않고 자발적으로 동기를 유발하게 해 최상의 결과를 끌어낼 방법은 무엇입니까? 다음에 열거되는 다양한 동기 유발 기법들을 살펴보고, 나는 어떤 방법들에 관심을 가지고 배우며, 연습하고 활용하고 있는지 알아봅시다.

브레인스토밍, 마인드스토밍, 브레인 라이팅, 소그룹 활동, 사례 발표, 화이트보드, 플립차트 활용, 토론, PBL, 퍼실리테이팅, 현장 학습, 액션러닝 학습, 현장 드라마, 동영상 활용, 다양한 그림, 게임, 퍼즐, 퀴즈, 인터뷰, 강연, 신문과 잡지 기사, 시험, 코칭, 질의응답^{Q&A}, 복습, 역할극^{Roleplay}, 촌극, 성공 사례 발표, 패널 토의, 마인드맵, 아이스브레이크, 팀빌딩, 챌린지 어드벤처, 고사성어, 재치 있는 3행시, 스팟, 시^詩, 속담, 마술, 춤, 웃음, 경험담과 예화, 빔 프로젝트, 비디오플레이어, MP3, 사진, NIE, 좋은 문구, 짧고 멋진 말, 아바타 롤플레잉, 바바 게임^{VAVAgame}, 포스트잇 등

수도 없이 많은 교수법 중에서 어떤 사람들은 왜 '강연'만을 고집하는가요?

1. CS^{Consumer Satisfaction, 고객만족} 서비스 교육 강사들은 안다

21세기는 서비스 시대입니다. 이제 모든 시장은 고객을 중심으로 움직입니다. 모든 서비스 접점에서 고객이 결정하고 선택합니다. 그래서 HRD^{Human Resources Development, 인적자원개발}에서 제일 경쟁이 치열하고 내용이 평준화되어 있는 것이 서비스 교육일 것입니다.

그러다 보니 프리랜서 강사와 기업 사내 강사 중에 서비스 강사가 많습니다. 그리고 서비스 강사가 하는 강의가 너무 많습니다. 서비스 기본 교육부터 이미지, 예절, 리더십, 롤플레잉, 커뮤니케이션, 컨설팅까지……. 그래서 강의의 차별화를 위해, 지루함을 최소화하기 위해 액션러닝 SIT가 필요합니다.

제가 만난 수강자 중에 가장 많은 강사가 서비스 분야 강사들입니다. 화재, 생명, 마트, 백화점, 은행, 호텔, 서비스 아카데미, 항공, 패스트푸드, 전자, 카드, 철도……. 그들이 원하는 것은 재미있고 즐겁게 참여할 수 있는 학습 방법으로 창의적인 스팟, 아이스브레이크, 팀빌딩 프로그램과 교육 게임이었습니다.

전방위 리더십이 요구되면서 서비스 강사들의 강의 영역이 확장되어 가고 거기에 따른 다양한 액션러닝으로써 스팟, 아이스브레이크, 팀빌딩이 필요한 것입니다.

서비스 게임에서 롤플레잉 정도가 아니라 커뮤니케이션 게임, 목표 게임, 리더십 게임, 팀 게임, 세일즈 게임, 매니지먼트 게임, 승-승 게임 등 정말 다방면의 액션러닝을 필요로 하는 서비스 교육 강사들은 스팟의 중요성을 압니다.

2. HRD 담당자들은 안다
3. 교사들은 안다

4. 소그룹 리더들은 안다

5. 대학 교수들은 안다

6. 기업 교육^{사내 교육} 강사들은 안다

톰 피터스의 《미래를 경영하라》를 보면, 다음과 같은 구절이 나옵니다.

"우리는 관심이 있을 때 무서운 속도로 배운다."

프랭크 스미스는 "배움은 감정과 분리될 수 없다"라고 말하면서 다음과 같이 자칭 〈학습자의 선언문〉을 제시합니다.

뇌는 쉬지 않고 배운다.
배움에는 강압이 필요 없다.
배움은 의미가 있어야 한다.
배움은 자연스럽다.
배움은 협력이다.
제대로 된 배움의 결과는 분명하다.
배움은 언제나 감정을 동반한다.
배움은 자유로운 모험이어야 한다.

사내 강사들은 압니다. 어떻게 하면 교육 참여자들이 재미있게 배울 수 있을까요? 어떻게 하면 참여자들이 지금 여기에 집중해 관심 있게 들을 수 있을까요? 어떻게 하면 새로운 학습 방식으로 참여자들이 성장할 수 있을까요?

여기서 사내 강사는 기업 내 인재개발원을 통해 연수를 받는 강사들

도 있지만, 그런 과정 없이 강의력이 있거나 직무상 자주 강의를 맡다 보니 회사에서 강사 역할과 직무를 병행하는 분들까지 포함합니다. 가르치는 일에서 제일 중요한 것 중 하나가 강의 내용을 잘 전달하는 것인데, 사내 강사들은 신입사원부터 대리, 과장 등 똑같은 사람들을 대상으로 몇 번씩 강의를 하게 되는 경우도 있습니다. 이때 강의 내용은 달라지지만 변하지 않는 것 하나가 사람들의 주의를 끌기 위한 스팟입니다. 강의를 재미있게 하고, 사람들의 마음을 열어가기 위해 사용하는 오프닝 스팟과 과정 중간중간에 사용하는 강의 팁이나 활동들을 바꾸어나가야 하는 스팟과 아이스브레이크 그리고 팀빌딩은 이들 사내 강사들에게 그 무엇보다도 절실한 강의 도구인지도 모릅니다.

'K 은행'에서 의뢰해 전국에 있는 연수원 사내 강사들을 불러 모아 천안에 있는 연수원에서 스팟, 아이스브레이크에 대해 강의를 한 적이 있습니다. 이때 이 모임을 기획한 연수원 교수가 하는 말이 강사들이 1박 2일 동안 똑같은 강의 내용을 가지고 강의하는데 A라는 강사는 참가자들에게 인기도 좋고 강의에 대한 평가도 좋은데, B라는 강사는 강의에 대한 피드백이 형편없이 나온다고 이야기했습니다. 그러면서 강사들이 똑같은 강의를 하면서 사용하는 스팟의 중요성을 말한 적이 있습니다. 심지어 좋은 스팟, 아이스브레이크를 개발하고 새로운 자신만의 스팟거리를 갖는 것은 강사의 개인기라고까지 이야기했습니다. 어떤 강사들보다 많은 교육을 하는 사내 강사들은 이제 스팟은 간단한 팁과 가십거리를 넘어 필수라는 사실을 잘 알고 있습니다.

7. 레크리에이션, 이벤트 진행자들은 안다

8. 점장또는 팀장**들은 안다**

9. 조회 진행자들은 안다

창의적인 스팟, 아이스브레이크, 팀빌딩에 관심을 갖는 사람들이 늘어나고 있습니다. 아침조회를 진행하는 많은 기업들 중 호텔, 백화점, 대형 마트, 은행의 CS 리더, 디지털프라자, 전자로지텍 지점장과 매니저들의 스팟에 대한 관심과 정보가 어떻게 하면 고객을 맞이하기 전 하루의 시작을 즐겁고 행복하게 열어갈 수 있을까를 고민하는 데서 비롯된다는 이야기를 많이 듣습니다.

아침조회가 형식적이고 의례적으로 진행되다 보면 조직 구성원의 마음을 닫게 하고, 회사의 비전과 가치, 팀워크보다는 실적 평가를 통한 책망과 질책, 더 나아가서는 파괴적인 비판으로 인해 구성원들은 열등감에 젖어 자신감을 상실한 채 하루를 시작하게 될 수도 있습니다. 아침조회를 운영하는 진행자의 기본 목표는 트렌드에 따른 정보를 제공해주는 시간, 즐겁게 하루를 시작하는 시간, 조직의 비전과 목표를 이루어가기 위해 생각과 마음을 워밍업 하는 시간, 더 나아가 실천 방안 Action Plan을 이끌어내는 시간이 되어야 합니다. 이때 필요한 것 가운데 하나가 짧은 시간을 이용해 주의를 집중시키고 마음을 열어 상호작용 하게 하는 스팟 기법입니다.

당신의 일터는 웃음으로 시작합니까? 당신이 속한 조직은 칭찬과 격려, 응원 그리고 목표를 이루는 구호로 시작합니까? 이 모든 것이 상하 전달 과정이 아니라 누구라도 한 팀이 되어서 하나의 승리하는 팀으로 만들도록 자연스러운 연출이 가능한 스팟, 아이스브레이크, 팀빌딩 기법인 액션러닝으로 가능하다는 것을 아침조회를 운영하는 사람들도 알고 있습니다.

10. 설교자들은 알고 있다

11. MC들은 안다

12. 학원 강사들도 알고 있다

톡톡 튀는, 엽기적이고 재미있는 참가자 중심의 학습 방법으로 자신의 영역을 개발해낸 학원 강사들의 강의를 들어보았습니까? 색분필 사용, 학생들을 집중하게 만드는 다양한 연출 서비스, 책상 위로 올라가 자신만의 독특한 음성과 몸짓으로 열정적으로 가르치는 수업 방법에 학생들은 열광하며 웃고 즐기며 배웁니다. 이런 수업에는 감동이 있습니다. 그리고 이런 강사의 강의는 학생들로 차고 넘칩니다. 학원 강사들도 스팟을 알고 있습니다.

"지식은 소멸하기 쉽다.
그러므로 재확인하고, 다시 배우고, 연습하지 않으면 안 된다."
— 피터 드러커

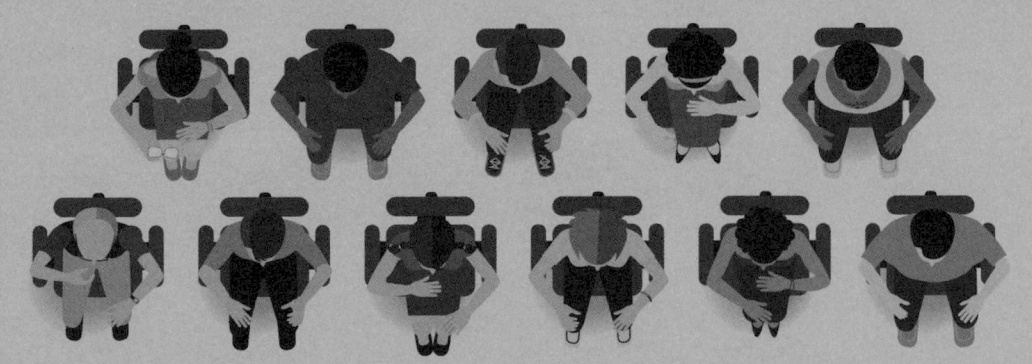

2부
스팟의 세계에 오신 것을 환영합니다

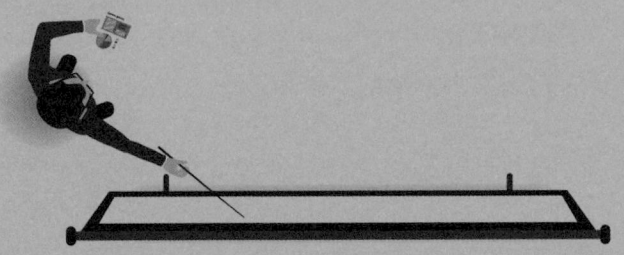

고전적인
스팟

　마술만큼 사람들의 주의를 집중시키고 "와우!" 하고 마음을 움직이는 순간 기법도 없을 것입니다. 당신은 마술에 얼마나 관심과 능력이 있습니까?

　선물만큼 받을 때 마음이 기쁘고 주는 사람에 대한 기대를 짧은 순간에 갖게 하는 방법도 없을 것입니다. 당신은 정성스런 작은 선물들을 준비해 잘 주는 사람입니까? 또, 어떤 영역이 우리가 스팟팅을 일으킬 수 있는 거리가 될 수 있을까요? 당신은 강의나 모임에서 당신만이 사용하는 고유의 스팟거리들을 가지고 있습니까? 스팟거리들을 개발해보거나 스팟 영역을 찾아 나서기 위해 씨름을 해본 적이 있습니까?

　심리학, 광고학, 교육학, 상담학, 리더십 교육, 서비스 교육, 직무 교육, 교육학 등등 여러 분야에서 대학과 기업 교육의 교과서에 실리고, 교수와 강사들이 옛날부터 활용해 온 기본적이고 고전적인 스팟거리에 어떤 것들이 있는지 알아봅시다. 당신이 어느 정도 이런 고전적인 스팟을 알고 활용하고 있는지도 체크해봅시다.

강사들이 가장 일반적으로
사용하는 기본기, 스팟

SIT 세미나에 참석한 강사들과 '강사들이 주로 사용하는 스팟 기법들'을 공유하는 시간을 갖고, 강사들이나 교육담당자들이 가장 일반적으로 사용하는 것들을 약 열 가지 정도 뽑아보았습니다. 당신의 것과 비교해봅시다.

1. **몸 풀기** - 안마, 음악에 맞추어 몸 흔들기
2. **기체조** - 손바닥 두드리고 눈, 코, 귀, 머리 두드리기
3. **퀴즈** - 상품을 걸고 문제 내기, 난센스 퀴즈, XO 퀴즈
4. **손가락 잡기** - 엄지_{존경}/검지_{상대방이 싫어한다}/중지_{좋아함}/약지_{친구}/소지_{연인}
5. **심리테스트** - 손가락 펴기/뱃고동 소리/방문을 열었을 때/돼지 그리기
6. **설문조사를 통한 결과 보여주기** - 직장인들이 듣고 싶은 말들
7. **박수 치기** - 손가락 박수, 건강 박수, 10초간 박수 치기, 기 박수 등
8. **스트레칭** - 졸음을 쫓을 때, 몸 풀 때, 오후 강의 시작 전, 스트레칭 비

디오 보기

9. **싱얼롱** – 동요, 게임 송, 가요, 팝, 가곡, 분위기나 계절에 맞게 선택
10. **유머, 경험담, 스토리 스팟**
11. **MV** 뮤직비디오

고전이지만
놓치기 아까운 스팟

어리둥절 퀴즈

1. 곤충을 세 부분으로 나누면? _____ _____ _____
2. 수영 경기에는 _____ _____ _____ _____ 가 있다.
3. 다음을 영작하라.
    - 삶은 달걀을 영어로 하면 _____ _____ _____ 이다.
    - 머리가 큰 개는 _____ 이다.
    - 당신은 물구나무서기를 할 수 있습니까? _____
4. 찐 달걀은 _____ 을 치며 먹어야 한다.
5. 서울에서 시세가 싼 동네는 _____ , _____ ,
    가장 싼 곳은 _____ 다.
6. 어떤 아들이 최신형 스포츠카를 샀다. 시승식을 겸해 아버지를 태우고 가다가 그만 대형 사고가 났다. 그 사고로 아버지는 현장에서 즉사하고 아들은 응급실로 실려 갔다. 그런데 수술 의사는 환자가 자신의 아들인 것을 알고 놀랐다. 그들은 어떤 관계인가?

그 밖에도 '이 그림에서 무엇이 보이나요?', 성냥개비 옮기기, 도형 만들기, 짧은 퀴즈 등이 있습니다.

고전이지만 놓치기 아까운 스팟

정답

① 놓는다 ② 애기 가지 ③ Lie! is egg/ Dog/ Do you understand?
④ 가듯 ⑤ 달밤동, 유잔동, 두왕구
⑥ 사는 것도 많아야 하는데 운전히 당신이 아니었다.(의사는 고정환자를 개로자라)

스팟의 시작,
오프닝 스팟

"전달자와 학습자 간의 상호작용은 학습 동기를 유발하는
가장 강력한 요소 중의 하나다.
학습자 간의 상호작용 역시 대단히 중요한 학습 동기 유발 요소다."

— 앤절로 T. A.

스팟의 기본은 모든 시작에 있습니다. 강사든, 세일즈맨이든, 수많은 사람들 앞에서 프레젠테이션을 하든, 교실에서 수업을 하든, 사람을 접점으로 하는 모든 만남의 시작은 첫인상, 호감을 갖게 하는 친절하고 설득력 있는 사람이라는 긍정적 태도와 느낌을 만들어내기 위한 어프로치, 또는 워밍업에서 비롯됩니다. 일반적으로 사람들은 만나서 인사를 하고, 명함을 교환하고, 차나 음료를 마시고, 간단한 덕담 내지는 안부를 물으면서 본론으로 들어갑니다.

최상의 경험을 공유하기 위한 스팟 선택은 스스로가 만들어가는 이너 게임 Inner game 입니다.

모델의 첫 포즈가 워킹에 대한 자신감이나 감각적인 의상 표현력으로 나타나듯이, 강사가 학습자들 앞에 섰을 때, 그 첫 시간, 첫 포즈는 강의에 대한 학습자들의 첫인상을 형성하면서 학습에 집중하고 몰입하는 태도를 결정하고, 킥오프Kick Off를 시작으로 모든 게임이 시작되듯이, 어떻게 강의를 오프닝 하느냐에 따라 학습자들의 흥미와 반응이 달라집니다. 또, 사람들 앞에 서는 영향력 있는 리더들이 언제든 자신감 있는 일성一聲, 첫마디와 표정과 제스처로써 단 한 번에 청중들을 사로잡듯이, 강사가 자신감과 열정을 갖고 준비한 오프닝 시나리오는 학습자들에게 강의 콘텐츠와 강사에 대한 신뢰를 주고, 편집자들이 신문이나 잡지의 헤드라인 카피로 사람들의 시선을 집중시키듯이, 학습자들과 처음 만난 오프닝에서 학습자들의 주의 끌기는 모든 학습의 시작입니다. 이때 어떤 오프닝 스팟Opening Spot을 카피처럼 짧고 강력한 주의 집중의 기술로 활용하느냐가 중요합니다.

이렇듯 가르치는 사람들에게는 오프닝Opening에서 활용 가능한 다양한 방법들을 배우고 활용하는 것이 필요합니다. 학습을 시작하면서 학습에 대한 참가자들의 관심과 흥미, 몰두를 끌어내기 위해 다양한 교수 방법을 활용해야 합니다. 그러나 분명한 것은 내가 마술사가 되고, IT 전문가가 되고, 그림을 잘 그리는 화가가 되고, 게임을 전문으로 진행할 수 있는 만능 엔터테이너 강사가 되어야 하는 것은 아니라는 점입니다. 많은 오프닝 아이디어를 배우고 활용해야 하지만, 어떤 오프닝 기법이 내 것이고, 어떤 것이 내가 할 수 없는 것인가를 아는 것도 중요합니다. 여러 책에서 또는 들었던 강의에서 강사들이 말하는 모든 것을 내 것으로 만들 수는 없는 일입니다.

물론 지금 당장은 자신이 없어 시도를 못 하지만 시간이 지나다 보면 지식, 정보의 습득과 함께 경험이 쌓여 진행에 대한 자신감이 생기기 시작할 것입니다. 그러면 자신 없던 유머에도 도전해보고 마술에도 도전할 수 있을 것입니다.

강의나 모임 전 프리 오프닝^{Pre-Opening} 기법의 실행으로 모임을 즐겁고, 부드러우며, 실제적인 분위기로 바꾸어나갈 필요가 있습니다. 조금만 준비하고 생각하면 교육 전 1~3분 정도의 시간에 학습 참가자들끼리 주위 사람들과 정보를 교환하고 관심 분야에 대해 의견을 나누고, 인간적인 교제까지 나누며 자연스럽게 서로를 알아가는 분위기를 연출할 수 있습니다.

> **Tip** 리더십 페스티벌이 위성으로 진행되는 중에 루디 줄리아니, 스티븐 코비, 램 차란, 잭 웰치, 브라이언 트레이시 등등 기라성 같은 강사들의 강의가 한 치의 여유도 없이 정신없이 강행되었습니다. 유일한 여성 강사인 수즈 오먼^{Suze Orman}은 여섯 번째 강사로 소개를 받고 강단에 서자마자 참가자들에게 "모두 일어서라!"라고 외쳤습니다.
> 자신의 강의를 듣기 전에 정신없이 강의를 따라가기 바쁜 참석자들을 워밍업 시키려는 것이었습니다. 수즈 오먼은 자유롭게 몸을 흔들면서 옆 사람과 인사하고 대화를 나누도록 유도했습니다.
> "자신의 신용카드 빚이 얼마인가를 이야기하라."
> 앉아서 강의를 쫓아가기에 정신이 없던 참가자들은 좌우로 몸을 흔들며 몸을 풀고 옆 사람과 인사하고 대화를 시작하다가 이 대화 주제를 나누라는 강사의 요청에 온 강의장이 떠나가도록 웃음을 터뜨리고 말았습니다. 강의를 시작도 하기 전에 수즈 오먼은 청중들의 몸과 마음을 흔들어 좋은 인상과 함께 긴장을 깨며 참가자들의 마음을 여는 오프닝을 이렇게 연출한 것입니다. 평범한 질문 하나가 강의 전에 강사에 대한 신뢰와 관심을 반전시킨다는 경험을 한 순간이었습니다. 그날 수즈 오먼은 '돈의 법칙, 삶의 법칙'에 대해 강연했습니다.

잘 선택한 좋은 음악을 준비하라

《가속 학습》의 저자 콜린 로즈는 "몇 주간 명상으로 이룬 것을 음악은 몇 분 만에 해낼 수 있다"라고 말합니다. 많은 사람들이 기분전환을 위해 다양한 음악을 선택합니다. 조용한 분위기를 만들기 위해 편안하고 가사 없는 음악을 사용하거나, 상호 협력적인 학습활동을 할 때 전체 분위기를 잡기 위해, 마인드맵을 위해, 글을 쓰기 위해, 상황 변화를 위해, 목표를 세우고 꿈을 시각화하기 위해 음악을 활용하세요.

강의를 시작하기 전에 잔잔하고 편안한 음악으로 긴장감과 새로운 것을 접하는 어색함에서 벗어나 마음에 평화를 갖도록 하세요. 강사나 교육담당자가 습관적으로 들려주는 음악이 아니라 모든 참가자를 생각하며 선택한 좋은 음악은 강의나 모임 전의 새롭고 무거운 분위기를 전환하는 좋은 도구가 됩니다. 음악이 없다고 상상해보세요. 얼마나 삭막한가요?

모든 프로그램의 시작을 알리는 시그널 음악^{Signal music}의 선택은 전체 모임이 끝날 때까지 분위기를 상승시켜줍니다. 강의나 진행 모임이 하루 이상 장시간 운영될 경우에 시그널 음악은 참가자들의 의식에 잠재되어 그 음악만 나오면 강의가 시작된다는 학습 효과까지 자연스럽게 얻게 합니다. 시작할 때, 강의 중 토의할 때, 강의를 마무리할 때 언제든 음악을 사용할 수 있습니다. 학습 효과를 개선할 수 있는 다양한 음악을 준비하세요.

> "당신의 몸과 마음이 찾는 음악을 듣고, 좋아하는 노래를 불러라."
> – 〈생로병사의 비밀〉, '내 몸이 찾는 음악' 중에서

밝고 건강하게 인사하며
시작하는 것도 좋은 방법이다

강의나 모임 전 강사나 진행자와의 인사, 명함 교환은 참가자와 좋은 관계를 형성하게 해 강의 중에 큰 영향력 발휘하게 합니다. 특히 사람들이 들어오는 입구나 참가자들이 앉아 있는 실내 장소를 돌아다니며 밝고 경쾌한 목소리로 인사를 합시다. 악수나 포옹hugging까지 할 수 있다면 최상입니다. 대부분 처음 만나는 사람들이므로 이런 스킨십은 관계가 빠르게 진행되었음을 의미합니다. 아직까지도 모임에서 강사와 참가자 사이에 거리감이 느껴지는 것이 현실입니다. 강사들이 더 적극적이고 낮아질 필요가 있습니다. 인사만큼 좋은 스팟팅도 없습니다. 인사가 만사입니다. 강의를 만들어가는 사람들이 먼저 찾아가고, 먼저 손을 내밀고, 먼저 웃어주는 것, 그렇게 강의 분위기를 만들어가도록 학습 참가자들을 유도하는 것으로 시작하세요.

저자 직강의 북 세미나에서 〈한국인의 성공 조건〉이라는 강의를 들을 때였습니다. 강사는 강의 전에 참석한 사람들끼리 서로 인사하며 왜 이 모임에 참석했는지, 자신이 누구인지를 간단하게 이야기하도록 페어 디

스커션$^{Pair\ discussion}$을 하며 시작했습니다. 여유 없이 자신의 저서와 자신의 경력을 소개하면서 강의로 바로 직행하는 강사들과는 아주 다른 차이를 이 사소한 스팟이 가능하게 해주었습니다. 간단하지 않습니까? 모임의 진행자나 강사가 잠시만 여유를 가지고 참석한 사람들끼리 서로 얼굴을 보고 인사하며 명함을 교환하게 하는, 최소한의 관계 설정을 위한 배려를 하는 것만으로도 훌륭한 오프닝 스팟이 됩니다.

> **Tip** 인사^{人事}, 사람이 살아가면서 해야 할 일! '인사'에 ㅇ 하나 더하면 '인상'이 됩니다. '인상'에 ㅣ 하나 더하면 '인생'이 되지요. 순간의 시간에 작은 인사가 그 사람의 첫인상이 되고 인생을 만들어갑니다.

강의나 모임을
시작하기 전에
무엇인가에 몰입하게 하라

일반적으로 참가자들은 10~15분 전에 도착해 물끄러미 앉은 채로 강의가 시작되기를 기다립니다.

이때 간단한 설문조사지를 주어 무엇인가에 참여하게 하는 것도 좋습니다. 참가자들의 생각이나 욕구와 필요 그리고 그들의 수준을 알 수 있는 좋은 기회가 될 수 있습니다.

또는 전체 모임이나 세미나의 주제와 연관된 비디오 자료를 볼 수 있도록 계획하는 것도 좋은 방법입니다. 모임 시작 전에 진행 측이 황망히 준비하는 모습, 어설프게 왔다 갔다 하는 분주한 모습은 일찍 온 참가자들로 하여금 기다리는 동안 부정적인 생각을 갖게 하고 마음을 흐트러뜨리는 요인이 될 수 있습니다. 시작 전 긍정적이고 좋은 분위기가 되도록 배려하는 것도 프로그램 진행자의 지혜입니다. 약속 시간을 지켜 일찍 온 학습 참가자들에게 몰입의 즐거움을 갖게 하세요!

명함 교환의
시간을 준다

　모임에 먼저 온 사람들끼리 명함을 교환할 수 있는 시간을 갖도록 진행자가 유도하는 것도 좋은 방법입니다. 참가자들은 각자의 자리에서 일어나 명함을 교환하면서 주도적으로 교제권을 형성할 수 있습니다. 대체로 많은 사람들이 모임을 통해 교제권을 갖길 원합니다. 그 주도권을 긍정적으로 가지게 한다면 유쾌, 상쾌, 통쾌하게 모임과 교육을 시작할 수 있을 것입니다.

　당신이 현재 가지고 있는 명함은 몇 장이나 됩니까? 한 신문에서 벤처 창업, 새로운 사업으로 전환하려면 3,000장의 명함이 있어야 한다고 했습니다. 명함은 받을 때보다 받은 뒤의 관리가 더 중요합니다. 어떤 모임에서 받은 것인지 왜 받았는지를 잘 기억해 유용한 연락처로 보관하고 관리해야 합니다. 저는 명함에 사진을 넣어 이름과 얼굴이 연결될 수 있도록 하는데, 기억을 용이하게 해 아주 좋습니다.

기분 전환을 위한 퀴즈

20~30분 정도 강의장에 먼저 도착한 사람들에게는 이 긴 시간 동안 아무것도 하지 않고 기다리는 것이 일종의 고통입니다. 이때 두뇌 체조를 위한 간단한 퀴즈나 퍼즐 문제를 준비하면 좋습니다.

기분을 업그레이드하는 퀴즈

1. 아내가 무서워질 때

    - 30대: 카드 들고 쇼핑하러 나갈 때
    - 40대: 샤워하고 나올 때
    - 50대: 곰국 끓여 놓고 외출할 때
    - 60대: 도장 들고 구청 가자고 할 때
    - 70대: □□할 때 두고 갈까 봐

2. 이럴 때 뚜껑 열린다

    - 10대: 좋아하는 연예인의 스캔들이 폭로되었을 때

- 20대: 입고 싶은 옷 샀는데 몸에 안 맞을 때
- 30대: 같은 30대 아줌마가 아줌마라고 부를 때
- 40대: □□ 해 먹인 남편이 잠만 잘 때

3. 친정 엄마가 딸에게 하는 말

- 5위: 집 좀 치우고 살아라, 올 때마다 왜 이렇게 지저분하니.
- 4위: 참고 살아라.
- 3위: 시댁 식구들에게 잘해라, 네가 잘해야 엄마가 욕 안 먹는다.
- 2위: 밑반찬 떨어지지 않았니?
- 1위: 꼭 □ 같은 □ 낳아서 키워 봐라.

4. 다음의 한자에 한 획만 추가해 다른 한자를 만들어보라

(예: 日 → 申)

- 日 日 日 日 日 日 日

5. 일곱 가지의 그림은 일종의 고대문자처럼 보인다. 각각 의미가 있지만 살짝 다른 각도로 생각해보면 여덟 번째의 그림이 보인다. 무엇일까?

> **Tip** A4 용지에 5~6개의 문제를 주고 가장 먼저 문제를 끝내고 가장 많이 맞힌 팀에게 준비된 조그마한 선물을 주면 더욱 좋습니다. 같은 테이블에 앉은 사람들끼리 팀을 만들어 팀 대항이 되게 진행을 하면 팀원끼리 짧은 시간에 문제 풀이를 통해 의사소통과 아이디어 교환을 하면서 밝은 분위기로 전환할 수 있습니다. 일찍 참석한 학습자들에게 보상이자 보너스를 주는 시간이 되는 것입니다.

기분 전환을 위한 퀴즈

정답 ① 이사 ② 군화 ③ 나팔 ④ 田, 甲, 由, 申 ⑤ 88(아라비아 숫자 8의 대칭) ⑥ 申, 由, 甲, 田 ⑦ 답: 나

스티커 학습법을 활용해 관심을 집중시켜라

프로그램이나 강의가 시작되기 전 핸드북이나 매뉴얼 전체를 살펴보면서 가장 재미있거나 관심이 가는 내용을 세 가지만 선택해 스티커를 붙이라고 합니다.

2~3분간 전체 매뉴얼을 살펴본 뒤 중요하다는 표시로 스티커를 멋있게 몇 장씩 붙여보는 것도 좋은 스팟 기법이 될 수 있습니다. 다 붙인 사람들은 옆 사람이나 주위의 4~5명과 함께 각자 자신이 선택한 내용을 소개하면서 선택한 이유를 설명합니다.

각자 1~2개씩 자신이 가장 관심 있는 내용이나 분야를 가지고 대화하게 합니다. 강의 전에 전체 내용을 살펴보고 주위 사람들과 교제를 나눌 수 있는 좋은 방법입니다.

실제 사례 하나

매달 2박 3일로 진행되는 피닉스 성취 심리 세미나의 오프닝 전 활동으로 타임 스케줄을 보면서 관심 있거나 꼭 배우고 싶은 모듈 내용을

3개 정도 선택해서 그 옆에 스티커를 붙여보라고 권합니다. 약간의 시간을 준 뒤에 파트너나 주위 사람들과 왜 그 제목이나 내용에 스티커를 붙였는지 서로 이야기하게 하면 2박 3일 동안 어떤 내용들로 강의가 진행될 것인지 자연스럽게 파악하게 됩니다.

또, 〈성공하는 사람들의 7가지 습관〉 2박 3일 세미나에서는 컬러 스티커를 가지고 칭찬할 일이 있을 때 이름표에 스티커를 붙여 주며 칭찬하게 합니다.

그러면 자연스럽게 강의 내용을 가지고 상호 교류하며 서로를 알아가고 마음을 열어가는 강의 분위기가 잡혀 짧은 시간에 효과적으로 시작을 위한 준비가 마련됩니다.

이름표를 이용한 스팟팅

보통은 모임을 주최하는 측에서 이름표를 일률적으로 만들어줍니다. 그러나 재료만 준비된다면 자신이 스스로 이름표를 만들도록 하는 것도 의미가 있습니다. 그 이름표에는 이름^{한글, 영문}, 이메일 주소를 쓰게 하고 왼쪽 밑 귀퉁이에는 자신이 존경하는^{역할 모델이나 본받고 싶은} 인물을 쓰고, 오른쪽 밑 귀퉁이에는 자신이 지금 하는 일에 몇 년간 종사해 왔는지 쓰도록 합니다. 이름표 안에 그 모임의 특성을 살리거나 주제에 맞는 내용을 써서 서로를 알고 나누는 정보로 사용할 수 있다면 좋은 아이스브레이킹과 스팟팅이 될 것입니다.

포스트잇으로
자기소개하기

1. 참가자에게 포스트잇 Post-it 10매씩을 나누어주고 자신을 소개할 수 있는 특별한 사건이나 재능, 그리고 특성들을 쓰게 합니다. 예를 들어 ○○에 탁월한, 준비가 잘된, 창의적인, 아이디어 맨, 겸손한, 성실 그 자체, 7전8기, 신사적인, 아름다운, 행복한, 꿈꾸는 사람, 작은 거인, 팔방미인, 리더십이 강한, 원칙대로, 책임감 있는, 기타 등등 입니다.

2. 이때 기록한 사람이 누구인지 알지 못하게 해서 이 포스트잇을 교육장 한쪽 벽면에 붙인 뒤, 참가자들이 포스트잇 쇼핑을 하게 합니다. 자신의 것과 비교하며 공통점과 전혀 다른 관점들을 살펴보도록 합니다.

3. 전체 포스트잇 중에서 한 장의 포스트잇을 선택해 5~7명 정도씩 테이블별로 앉아 그 포스트잇을 선택한 이유와 자신의 이야기를 하

도록 합니다.

4. 모임의 성격이 잘 아는 부서나 동료들 중심으로 이루어져 있다면, 어느 한 사람의 포스트잇을 한 장씩 읽어가면서 누구를 설명하는 표현들인지 알아맞혀 보는 것도 좋습니다.

프리 오프닝
스팟

    최고의 강의를 만들어가는 강사가 참가자들의 생각과 행동을 끄집어 내고 더 나아가 그들의 잠재능력을 끌어낼 수 있는 무의식적인 스팟팅을 계획할 수 있는 방법으로는 사진과 그림 그리고 포스터, 기념품들을 이용하는 것이 있습니다. 나폴레옹 힐 교육을 받으러 미국 시카고에 갔을 때, 교육장에는 교육 내용과 관련된 많은 포스터와 사진, 그림들이 전시되어 있었습니다. 강의를 듣다가 쉬는 시간에 포스터와 그림을 보고 있으면 강사들이 다가와 그림과 포스터의 의미를 설명해주며 조금 전에 들었던 강의와 연결시켜 자연스러운 반복 학습이 이루어지게 했습니다.

    또, 쉬는 시간마다 들어가서 기념사진을 찍으며, 도서 구경을 했던 나폴레옹 힐의 도서관은 그의 손때 묻은 책들과 가족사진들과 활동사진들을 전시해 세미나 전체에 대해 긍정적인 태도를 갖게 하고, 다음 강의에 대해 기대를 가지게 만들며, 저를 비롯해 참석한 모든 사람들을 스팟팅 하고 있었습니다.

강의 중간중간 발표와 게임을 통해서 참가자들에게 나누어주는 상품들인 나폴레옹 힐의 소책자와 명언집, 365일 달력, 기념 넥타이는 참가자들의 마음을 풍성하게 했고, 지금도 그때를 기억하게 하는 좋은 학습 도구입니다.

한국리더십센터의 〈성공하는 리더들의 7가지 습관〉 강의를 진행할 때도 7가지 습관에 해당하는 그림을 설치하고 강의를 돕는 핵심 내용이 담겨 있는 포스터와 사진들, 강의 내용 전반에 대한 상징적 의미를 가지는 황금알과 거위, 나침반을 전시함으로써 역시 참가자들의 호기심을 자극하고 질문을 유도하며 강사와 참가자 그리고 참가자들끼리 마음을 여는 오프닝을 촉진시키는 좋은 접점을 마련했습니다.

이것은 암시의 힘으로, 참가자들에게 자신들이 지금 이 세미나와 모임 주체들에게서 대접받고 있고 준비된 서비스를 받고 있다는 긍정적이고 풍요로운 마음을 가지게 하는 효과가 있습니다.

그림, 사진, 포스터, 플래카드, 기념품, 도서 등등 중에서 당신은 어떤 것을 갖고 있습니까? 다른 어떤 다양한 스팟거리들이 주지 못하는 것으로, 무의식적인 선입견을 깨고, 마음을 열어주며, 강의와 모임에 대한 기대감을 갖게 하는 데 이것처럼 좋은 도구도 없습니다. 당신도 계획해보세요. 분명히 강의가 풍성해질 것입니다.

퀴즈로 시작해서
퀴즈로 마무리하기

정신 건강에 대한 90분짜리 강의를 시작하는데, 강사가 먼저 간단한 퀴즈로 오프닝을 합니다.

"여러분 지금까지 살아오면서 먹어본 감 중에 가장 맛없게 먹어본 감이 무엇입니까?"

영감, 땡감, 썩은 감, 교감…… 조금 시간이 흐르면 유감, 배신감, 실패감 등이 나옵니다. 정답이 쉽게 나오지 않습니다. 그러나 약 1분 정도만 기다리면 가장 좋은 답이 나옵니다. 바로 '열등감'입니다. 강사는 열등감이라는 말과 함께 강의를 시작했습니다. 약 90분의 강의가 끝나갈 무렵 강사는 강의를 마무리하면서 클로징 스팟으로 다시 퀴즈를 냅니다.

"여러분 지금까지 살아오면서 가장 맛있게 먹어본 감은 무슨 감인가요?"

곶감, 단감, 아니 홍시……? 아직도 감을 잡지 못한 사람들은 이렇게 대답합니다. 그러다가 몇몇 사람들이 성취감, 행복감이라 말하기 시작하며, 채 10초도 안 되어 곧바로 '자신감'이라는 답이 참가자 모두에게서 나옵니다.

 강사는 자신의 90분 강의를 이 두 개의 오프닝, 클로징 퀴즈로 요약해 참가자들에게 전달했던 것입니다. 그 강의는 지금까지도 잊히지 않고 기억에 남아 있습니다.

 "모든 정신병과 우울증이라는 병은 열등감에서 시작되고, 자신이 좋아하고 잘하는 어느 한 가지 분야에서라도 자신감을 가지게 되면 그 열등감과 병은 간단하게 치료가 되며, 자신의 성공적인 삶을 위한 행동을 하게 된다고 합니다."

 이 퀴즈 스팟팅은 3분도 걸리지 않았지만 교육 내용과 관련 있는 좋은 스팟 기법이었습니다.

스토리 스팟으로 오프닝 해서
스토리 스팟으로 클로징 하기

변화 경영에 대한 90분짜리 특강을 시작하기 전 구본형* 소장은 참가자들에게 에스키모들의 들개 사냥 이야기를 아느냐고 물었습니다. 들개 사냥의 방법은 이렇습니다.

들개들이 잘 다니는 길목에 핏덩어리가 묻어 있는 칼날들을 거꾸로 박아 놓으면 들개들이 혀로 핥아 먹기 시작합니다. 핏덩어리가 녹아 맛있게 핥아 먹게 될 즈음 이미 들개들의 혀는 무감각하게 마비되어 버립니다. 그때 날카로운 칼날이 드러나면서 들개들의 혀는 갈라지고 들개들은 자기 피인 줄도 모르고 쓰러질 때까지 칼날을 핥아 먹습니다. 몇 시간 후에 이 들개들을 주워 가면서 에스키모들의 사냥은 끝납니다.

---

* 구본형(구본형변화경영연구소 대표이사) 소장님은 수많은 강사들 가운데 사람을 키우고 세우며 많은 이들에게 귀감이 되신 분입니다. 삼가 고인의 명복을 빕니다.

역사의 변화, 조직 경영의 변화, 세상의 변화 속도 그리고 개인의 변화에 대한 강의가 뜨겁게 진행되었고, 90분간의 강의가 끝나갈 무렵, 강사는 다시 참가자들에게 인디언들의 들소 사냥에 대해 아느냐고 묻습니다. 이때, 참가자들은 모두 웃습니다. 에스키모들의 들개 사냥과 인디언들의 들소 사냥이 주는 뉘앙스에서 강사의 의도를 감 잡은 것입니다. 인디언들의 들소 사냥 방법은 이렇습니다.

들소의 특징은 큰 눈이 양쪽으로 달려 있어 앞을 잘 못 본다는 것입니다. 게다가 위협을 받으면 머리를 땅으로 처박고 무리를 지어 달아납니다. 인디언들은 사방으로 들소들을 몰아가며 한쪽 방향을 열어둡니다. 그곳은 낭떠러지입니다. 두려움에 떨며 달아나는 들소들의 선두에 섰던 들소들은 앞에 낭떠러지가 있는 것을 알고 제자리에 서려고 하나 뒤에서 달려오던 들소 떼에 의해 밀려서 떨어지고, 중간 그룹에 있던 들소들은 앞에 낭떠러지가 있는 줄도 모르고 떨어지고, 뒤에 있던 들소들만 겨우 살아남게 됩니다. 절벽 아래로 떨어진 들소들을 주워 가면서 인디언들의 사냥은 끝납니다.

강사는 자신의 강의를 이 두 가지의 이야기에 담아 간결하게 요점을 정리했습니다.

요즘같이 변화무쌍한 정보, 지식 사회 속에서 자신이 소속된 그룹의 종족 자아 개념을 자신의 것인 양 자신만만해하다가 자기계발과 경력 관리를 소홀히 함으로써 변화의 물결에 휩쓸려 낭떠러지로 떨어지고 있지는 않습니까? 변화에 무감각해진 부분이 있지는 않습니까? 싫은 소리를 듣기 싫어하고 있지는 않습니까? 고정관념에 빠져 안주 지대에서 헤어 나오지 못하고 있지는 않습니까?

강의는 자신을 돌아보는 시간을 가질 것을 권하면서 끝났습니다. 지금까지도 기억에 남는, 스토리 스팟의 효과를 제대로 보여준 강연이었습니다.

스토리 스팟을 가장 많이 사용하는 사람들이 강사들입니다. 그런데 그 강의를 전달하면서 사이사이를 연결하는 스토리 스팟팅이 너무 많다 보니 강의 내용보다는 예화와 우스갯소리만 기억에 남는 경우가 많습니다. 어떤 것이 진짜 전달하고 싶었던 내용인지 구분이 가지 않을 정도로 스토리 예화, 사례 스팟이 남발되는 경우가 많다는 것입니다.

핵심을 찌르는 짧고 강력한 스토리로 학습 참가자들 스스로 생각을 바꾸고 마음을 열어 감동을 느낄 수 있는 스토리 스팟을 준비하세요.

시詩로 열고
시詩로 닫기

"생각이 막힐 때 시詩 한 줄에서 답을 찾는다."

− 스티브 잡스

"사람이 온다는 건 실은 어마어마한 일이다.
한 사람의 일생이 오기 때문이다."

− 정현종, 〈방문객〉 중에서

    강의가 시작되면서 강사는 자신을 소개하고 강의 전에 참가자들의 마음을 두드리는 오프닝 스팟을 시詩 한 편으로 시작합니다.
    "제가 여러분들께 시 한 수를 낭송하면서 강의를 열도록 하겠습니다."
강사는 순간적으로 참가자들의 시선을 집중시킵니다.
    봄, 여름, 가을, 겨울 등 계절에 맞게, 또는 장소와 분위기에 어울리게 선택된 시의 제목과 시어詩語들은 참가자들의 마음을 움직이고 힘찬 박수 속에서 강의로 연결됩니다. 그리고 열정적인 강의가 끝날 즈음 또다시 강의를 요약 정리하듯 준비된 시詩를 낭송하자 모든 참가자들이 진심이 담긴 박수로 화답하며 강의가 끝납니다.

시詩를 활용해 참가자들을 만나기로 생각한다면 일반적으로 애송되는 시부터 요즈음 인기 있는 시詩까지 살펴보고 선별해서, 직접 암송할 것인지, 시가 적힌 종이 한 장을 나누어줄 것인지, 아니면 인터넷의 '시 낭송'을 검색해 성우들의 낭송을 함께 듣도록 할 것인지 결정해 사용하면 더 좋습니다. 어떤 강사는 시를 300편 정도 암송해서 강의 도중 자유자재로 활용하기도 합니다.

제가 많이 들었고 사용했던 시 몇 편을 소개합니다.

- 신록新綠 –서정주
- 서시 –김남조
- 희망希望에게 –이해인
- 귀천歸天 –천상병
- 청춘靑春 –새뮤얼 울만
- 모든 순간이 꽃봉오리인 것을 –정현종
- 너에게 묻는다 –안도현
- 대추 한 알 –장석주
- 향수 –정지용
- 사랑한다는 것은 –정종환
- 인생을 다시 산다면 –나딘스 테어
- 생명 찬가 –노향림
- 흔들리며 피는 꽃 –도종환
- 가지 않은 길 –로버트 프로스트

• 낯선 곳 –고은

강의 중 스팟 기법의 하나로 시^{詩}를 생각하고 외우려고 노력하고 활용할 수 있게 해준 고^{故} 김원채 소장님께 감사를 드립니다. 어떤 강사가 시^{詩}를 사용하는 것을 보고 모방하던 수준에서 시를 강의에서 적극적으로 스팟 기법으로 사용할 뿐 아니라 시를 읽고 아이디어도 얻는 풍성한 시간들을 만들어가는 축복을 누리고 있습니다. 시에 대한 재발견이랄까요?

"내려올 때 보았네. 올라갈 때 못 본 그 꽃."
– 고은, 〈그 꽃〉

정서적 교수 학습법으로 효과적인 시^{詩} 한 수 읊는다면 어떤 시^{詩}가 가장 떠오르나요?

그림 만화을 보면서
시작하고 마무리하기

　존 메디나 박사는《브레인 룰스》에서 "시각은 다른 어느 감각보다 우선한다"고 말합니다. 그림을 이용한다면 더 효과적으로 학습할 수 있습니다. '백문이 불여일견'이라 했습니다. 학습자들의 생각을 포착하는 시각을 잘 활용하면 쉽게 학습자들의 마음을 열 수 있습니다. 특징 있는 그림이나 만화 또는 사진을 이용해 효과적으로 학습 참가자들의 주의를 끌며 강의를 시작하고 마무리를 해보세요.

　한때 인기를 끌며 사용되었던 연재 만화, 신문이나 잡지에서도 자료를 찾을 수 있습니다. 또, 심리학 책이나 일러스트레이션 중에는 사람들의 마음을 읽을 수 있는 재미있는 그림들이 많아 적당한 것들을 고를 수 있습니다. 한젬마의《책을 읽어주는 여자 1, 2》도 재미있고 의미 있는 그림들을 설명하고 있어 제목 맞히기로 사용해도 좋을 것입니다. 특히 매일매일의 트렌드를 따라가는 신문들과 주간, 월간 잡지들을 읽다 보면 시사성이 뛰어난 만화나 그림들을 발견할 것입니다. 그 그림들은 모두 카툰 스팟으로 사용할 수 있는 훌륭한 자료가 됩니다.

강의 시작에서 활용할 수 있는 이미지들로는 영화 포스터, 직접 찍은 사진, 책 표지들이 있으며 시각화된 이 자료들은 학습자들의 시선을 끌기에 충분합니다.

노래로 시작해
함께 노래 부르기로 마무리하기

싱얼롱이나 노래 부르기는 모든 사람들이 좋아합니다. 일반적으로 노래를 스팟 기법으로 활용하는 경우 게임 송이나 노래 율동 정도를 도입합니다. 하지만 좀 더 적극적으로 모든 사람들이 좋아하는 노래나 자신이 좋아해 불러주고 싶은 노래들을 선택해 수강생들과 함께 부르는 것도 좋은 방법입니다.

강의를 시작할 때 그날의 테마 송을 정해 노래로 시작하는 것은 어떨까요? 강의 중간중간에 노래 한 곡을 불러보는 여유를 갖는 것도 좋은 스팟 기법이 될 수 있습니다. 물론 여기에 더해 강의의 마무리를 노래로 요약 정리할 수 있다면 최고의 강의가 될 수 있을 것입니다. 함께 부를 수 있는 노래들을 선택해보세요.

한 강연 콘서트에서 강의가 끝나갈 무렵 스태프들이 장미를 한 송이씩 나누어주면서 마지막 멘트와 함께 모두 일어서서 음악에 맞추어 불렀던 '사람이 꽃보다 아름다워'는 그날 강의를 들었던 사람들에게 멋진 마무리와 함께 큰 감동을 주었습니다.

강의를 시작하면서 참가자들에게 노래 한 곡을 선사하고 열렬한 박수를 받으면서 강의를 시작하는 강사도 있습니다. 어떤 강사는 강의에 꼭 기타를 가지고 다니면서 싱얼롱으로 참가자들의 마음을 열며 강의를 시작하기도 합니다. 강의 중 강의 내용과 관련있는 꿈, 비전, 결심, 사랑, 즐거움, 재미 등을 잘 표현하는 가사 내용을 복사해 함께 부르는 것도 좋은 방법입니다. 가요, 가곡, 올드 팝, 물론 동요도 좋고, DVD를 보면서 함께 불러보는 것도 좋습니다.

- 작은 연못 –양희은
- 거꾸로 강을 거슬러 오르는 연어들처럼/넌 할 수 있어 –강산에
- 사람이 꽃보다 아름다워 –안치환
- 사랑합니다 –쿨
- 마법의 성 –더 클래식
- 우리의 사랑이 필요한 거죠 –변진섭
- 저 구름 흘러가는 곳 –조수미
- 향수 –이동원
- What a wonderful world –루이 암스트롱
- My way –프랭크 시나트라
- I have a dream –아바
- Any dream will do –앤드류 로이드 웨버
- Bond in Asia Live DVD –본드

노래로 시작해서, 노래로 마치는 강의를 해보지 않았다면 한 번쯤 시도해보세요.

영화 보기로 시작해
영상으로 마무리하기

강의하는 사람치고, 영상 자료를 활용하지 않는 사람이 없습니다. 그만큼 영상 스팟은 사람들의 주의를 끌며 집중시키기에 좋은 학습 도구입니다.

드라마, CF, 영화, 다큐멘터리 등 강의 주제를 촉진시키고, 학습자들을 동기부여 할 수 있는 동영상을 사용해 처음에 영상을 보는 것으로 강의를 시작하세요.

영상 시청 후 토의나 대화를 하며 강의를 진행한 뒤 강의가 끝날 무렵, 다시 영상을 보며 전체 강의 내용과 맞물리는 스팟으로 마무리한다면 더할 나위 없이 멋진 강의가 될 것입니다.

Activity 활동, 게임 로 시작해서 놀이 활동으로 상호 교류하며 마무리하기

"놀이, 진가를 인정받지 못한 가장 효과적인 학습 보조 수단."
– 프레데리크 페스터

저는 액션러닝 교수법을 연구하고, 액션러닝 리더십, 액션러닝 코칭, 액션 팀빌딩 등 모든 학습 활동에 액션러닝 스킬을 활용하면서 왜 놀이나 게임, 스포츠 활동이 추구하는 '누구에게나 공정한 게임의 룰과 긍정적 태도나 목표를 향한 선수들의 열정' 등 많은 학습적 요소를 활용하지 않을까, 하고 생각합니다.

제가 강의 중에 늘 깨닫는 진리 중의 하나는 '몸을 움직이면 생각도, 마음도 움직인다'는 것입니다.

학습자들이 앉은 자리에서 재미있는 유머나 퀴즈, 질문이나 경험담 스토리텔링으로 마음을 열고, 생각의 전환을 가져오게 한다면 그는 정말 뛰어난 강사입니다.

놀이나 게임 등 활동을 적극적으로 강의에 활용한다면, 학습자들의 생각을 집중시키고 마음을 얻으면서 강의를 시작할 수 있는 더 다양한 방법들이 개발될 수 있습니다.

어떤 한 가지 방법만이 최고이고 다른 방법은 의미가 없다는 편협하고 닫힌 사고로는 좋은 방법들을 보면서도 깨닫지 못할 것입니다.

놀이나 게임에서 아무것도 배울 수 없다는 사실이 증명이라도 되었습니까?

학생들과 성인 학습자들을 진정으로 이해하고, 학습 참가자들의 잠재 능력을 여는 것이 강의 목표 중 하나라면 액션러닝으로써 시도하는 다양한 게임 활동들이 학습 효과가 뛰어난 방법이라는 것을 알아야 합니다.

당신이 보고, 듣고, 만나는 모든 활동 상황에서 사람들이 어떻게 시작 Opening을 하는지 관찰하세요. 어떻게 끝마무리를 하는지 관심을 가지고 살펴보세요. 많은 것을 얻게 될 것입니다.

속담과 격언, 명언을 사용해 시작하고 마무리하기

먼저 속담(俗談, proverb)이란 무엇인지, 그 의미부터 짚어봅시다.

속담이란, 널리 인정되는 사고와 신념을 표현하며, 일반적으로 통용되는 간결하고 명쾌한 경구입니다. 속담은 사람들이 일상생활에서 얻은 체험으로서 날카로운 풍자와 인생에 대한 달관, 엄숙한 교훈 그리고 실감 나는 비유로 번뜩입니다.

속담에는 고상하기보다는 비속한 것이 많고 교훈보다는 풍자가 많습니다. 그래서 속담은 천 마디 설명보다도 큰 효과가 있으며, 그 속에는 사람들의 풍습과 신앙 등이 나타나 있습니다.

속담은 수사학 학교, 설교, 훈계, 교훈적 저서에서도 사용됨으로써 널리 알려졌고 사본으로 보존되었습니다. 영국에서는 문학과 웅변에서 속담을 사용하는 것이 16, 17세기에 이르러 절정에 달했습니다. 우리나라의 속담은 사람들 사이에서 만들어진 것으로, 보편적 의미를 강조하기 위한 관용적 표현으로 많이 활용되고 있습니다.

요즘도 많은 강사들이 자신이 하고 싶은 이야기를 함축적으로 또는 핵심적으로 설명하는 데 속담을 사용합니다.

어렸을 때 선생님들과 어른들에게서 가장 많이 들었던 속담들은 "낫 놓고 ㄱ 자도 모른다, 가는 말이 고와야 오는 말이 곱다, 지렁이도 밟으면 꿈틀한다, 발 없는 말이 천 리 간다, 개구리 올챙이 적 생각 못 한다" 등이었습니다.

"아버지는 신이 주신 은행가다."
– 프랑스 속담

저도 강의 중에 스팟거리로 속담을 곧잘 사용합니다. 강의 목적이나 내용과 가장 적절하게 알맞은 속담은 정말 좋은 스팟이 됩니다.

한 은행의 직원 대상 강의를 준비하면서 돈과 관련된 속담에 어떤 것들이 있는지 찾다가 은행과 관련된 속담이 무엇이 있나 검색해보니, "아버지는 신이 주신 은행가다"라는 프랑스 속담이 눈에 띄었습니다. 이 속담의 의미는 부모로서 당신은 사랑스런 아이들의 마음과 감정의 통장에 정기적으로 사랑과 격려, 칭찬, 인정, 용기를 예치해주고 있는지를 묻는 것입니다.

직장의 상사와 선배로서, 부하 직원과 후배들에게 "아버지는 신이 주신 은행가다"라는 말의 의미처럼 동기부여 해주고, 배려해주고, 코치로서 멘토로서 그들의 감정과 마음의 계좌에 좋은 감정들을 예치해주고 있느냐는 이야기입니다. 사랑과 칭찬과 격려, 인정, 용기, 인내, 자신감보다 파괴적인 비판이나, 질책, 꾸중, 열등감 느끼게 하기, 스트레스 받게 하기, 부정적인 감정 유발시키기 등을 예치하고 있지는 않은지 살펴볼 일입니다. 이런 속담 하나가 자신이 하고 싶은 이야기의 핵심을 전할 수 있습니다.

다음은 제가 강의나 일상생활에서 많이 생각하고 사용하는 속담들입니다.

- **말이 씨가 된다.** – 말이 험한 사람들은 삶도 험하고 고단해집니다.
- **생긴 대로 논다.** – 정말 맞는 말입니다. 당신 주변의 사람들을 다시 보세요. 자기 생긴 대로 놉니다. 그런데 놀라운 것은 자기 생긴 걸 극복하며 사는 사람들도 많다는 사실입니다. 그런 사람들과 어울려 보면 인생의 깊이와 넓이를 배우는 좋은 기회를 갖게 됩니다.
- **뜻이 있는 곳에 길이 있다.** – 지금 이것이 내가 정말로 원하는 것인가요? 내가 이렇게 시간과 노력을 들여서 정말 하고 싶은 것인가를 물어보고 절대로 포기하지 않고 모든 것을 걸고 그 길을 걸어가는 사람이 멋있는 사람입니다. 어렵고 힘들 때일수록 많은 사람들이 길이 보이지 않는다고 말하지만, 뜻만 올바로 세우면 길은 보이게 되어 있다고 믿습니다.

당신은 어떤 속담을 즐겨 사용합니까? 그 속담에 비유^{metaphor}의 힘이 있습니까? 사람들은 보통 자신이 즐겨 사용하는 속담처럼 살게 됩니다. 또, 그러면서 그 속담에 힘이 실리고 멋진 스팟거리가 될 수 있습니다.

지금 당장 속담에 관한 책을 하나 사서 나만의 속담 리스트를 만들어 봅시다.

관찰력
게임 - A

옛말에 "마음이 있지 않으면 보아도 볼 수 없는 것이고 들어도 들리지 않는다"라는 말이 있습니다. 함께 여행을 하면서도 사람마다 보는 것이 다르고 느끼는 것이 다릅니다. 강의도 마찬가지입니다. 같은 강의를 들어도 개인의 집중력과 관찰력에 따라 강사의 의도대로 이해하는 사람이 있는가 하면 전혀 다른 엉뚱한 방향으로 소화하는 사람들도 있습니다. 그래서 사물이나 사람을 주의 깊게 살펴보는 것이 일상생활 속에서 관계를 형성해가는 데 중요한 요소가 됩니다.

관찰력 게임은 파트너와의 관계를 높여주고 자연스럽게 대화하게 하는 스팟 게임으로, 서로에 대한 관심과 관찰이 이해관계에서 얼마나 중요한지를 알게 합니다.

진행 방법

1. 진행자는 첨부자료의 내용을 참가자들에게 약 10~15초 동안만 보여줍니다.

2. 참가자들이 메모하지 않도록 주의시키고, A~I까지의 기호들을 잘 관찰하고 기억하라고 합니다.
3. 개별적인 모양 맞추기를 하며 B = ?, F = ?, E = ?, G = ?, D = ? 어떤 모양이었는지 참가자들에게 질문을 합니다.
4. 각 참가자들의 이야기를 들어보며 관찰력의 중요성에 대해 서로 이야기를 나눕니다.

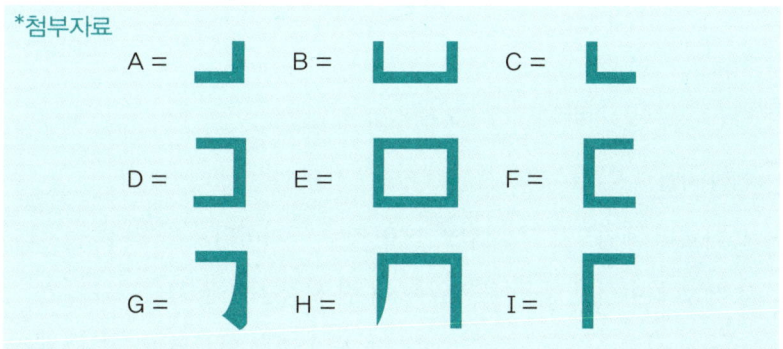

Tip "무엇이 보입니까? 어떻게 하면 암호 같은 수수께끼들을 풀어나갈 수 있을까요? 전체를 볼 때와 부분조각을 볼 때의 차이가 느껴지십니까? 여러분 인생의 지도, 인생의 진정한 목적이 있습니까? 전체를 알고 가는 길과 그때그때 부분부분 해결해가면서 가는 길의 차이를 깨달을 수 있습니다. 자, 이제 다 보입니까? 무엇이 문제였는지 해결 방법을 찾았습니까? 답을 찾으려면 전체의 흐름을 파악하는 직관력과 부분을 연결하는 관찰력과 열린 마음이 필요합니다."

정답   관찰력 게임 – A

관찰력 게임 – B
Three Things Change

진행 방법

1. 파트너 게임으로 두 사람씩 짝을 짓고 가위바위보를 합니다.
2. 서로 돌아서서 등을 대고 앉은 뒤 진 사람은 눈을 감습니다.
3. 이긴 사람은 제한시간 30초 내에 세 가지 정도 자신의 모습이나 복장, 액세서리에 변화를 줍니다.
4. 진 사람은 돌아서서 제한시간 30초 내에 파트너에게서 변화된 것 세 가지를 찾아냅니다.
5. 찾아내지 못하면 이긴 사람은 무엇이 바뀌었는지 알려줍니다.
6. 서로 역할을 바꾸어 ②~⑤까지 진행한 뒤, 달라진 것을 찾아내는 관찰 게임을 합니다.

> **Tip** 게임이 끝난 뒤 연기력과 순발력에 대한 칭찬과 격려의 시간을 갖습니다. 그리고 마지막으로 진행자가 학습자들에게 질문합니다.
> "스스로에게 세 가지 변화를 주는 것이 어려웠나요? 파트너가 세 가지의 변화를 준 것을 찾아내는 것이 어려웠나요?"

학습자들은 잠시 생각하다가 '변화를 읽어내는 것이 어려웠다', '자기 자신에게 세 가지 변화를 주려고 시도했을 때가 어려웠다', '입고 있는 옷이나 자기 상황이 뻔한데 변화를 주려니 변화시킬 게 없었다'는 말들을 많이 합니다. 결국, '변해야 한다', '바뀌어야 한다'고 말하지만, 실제로 변화와 개선이 쉽지 않다는 것을 경험하게 됩니다.

카피를 이용한 커뮤니케이션 게임, 카피 스팟

'카피^{Copy}'를 생각하면 지금 당장 어떤 카피가 떠오릅니까?

"강남스타일~ / 빠름, 빠름, 빠름~ / Have a Good 잠 / 사람 사랑, 사랑해요 ○○ / 우리 강산 푸르게 푸르게 / 가슴이 따뜻한 사람과 만나고 싶다 / 침대는 가구가 아닙니다, 침대는 과학입니다 / 보험은 남편입니다……."

지금도 제 기억 속에 남아 있는 광고 문구들입니다. 이 광고 문구를 만들어낸 카피라이터들의 이야기를 읽어보면 '카피' 하나를 만드는 과정이 시인들이 시어^{詩語}를 지어내는 과정만큼이나 어려운 작업이라고 합니다.

복사^{複寫}, 미술품 따위의 복제^{複製}, 광고 문장이라는 뜻을 가지고 있는 카피는 우리 삶 구석구석에 스며 있습니다. TV, 신문, 잡지, 인터넷, 책 표지, 영화 포스터, 연극 등등에 실린 광고 문구들은 광고가 끝난 뒤에도 우리들 마음에 오랫동안 남습니다. 심지어 그러한 문구들 중에 많은 것들은 우리의 일상생활 어휘의 한 부분이 되기도 합니다.

"오빤, 강남스타일~ / 친절한 금자씨 / 맞다 게 ○○ / 함께 가요 희망으로 / 사랑한다~사랑한다~사랑한다~ / 너나 잘하세요 / Bravo Your life / 미안하다 사랑한다 / 그녀는 예뻤다……."

카피를 이용한 스팟은 참가자들의 관심을 모으는 흥미로운 접근 방법입니다. 왜냐하면 우리 모두는 광고의 홍수 속에 수많은 광고 문구들, 멋진 카피들을 쉽게 접하기 때문입니다. 그리고 모방과 함께 자신만의 새로운 카피를 만들어 휴대전화 문자로 사랑하는 사람들에게 전송합니다.

가수 박진영의 노래 제목, '그녀는 예뻤다'가 카피처럼 사람들의 입에 오르내린 적이 있습니다. 모임에 함께 참여한 파트너와 마주 보고 서로의 느낌과 사실을 가지고 "그/그녀는~"이 들어간 카피를 만들어봅시다. 간단한 카피 스팟을 통해 참가한 모든 사람들의 이미지와 새로운 모습들이 공개되고 재미있고 재치 있는 스팟팅으로 커다란 웃음을 가져다주는 커뮤니케이션 시간이 됩니다.

자신의 파트너를 바라보면서 일반적으로 카피라이터들이 가지는 15가지 덕목—관찰력, 상상력, 추리력, 독창력, 판단력, 비약력, 스피드성, 정서적 반응력, 기억력, 분석력, 이해력, 비판력, 주의력, 내구력, 논리적 사고력—을 발휘해 그/그녀에 대한 멋진 소개와 칭찬을 할 수 있는 카피를 서로 만들어봅시다.

이 가운데 상상력이나 정서적 반응력, 관찰력 등 몇 가지만 이용해도 파트너의 카피를 훌륭하게 만들어낼 수 있을 것입니다.

"그녀는 장미다 / 그는 고향이다 / 그녀는 추억이다 / 그는 옆집 아저씨다 / 그녀는 동안 유부녀다 / 그는 맥가이버다……."

카피를 통해 자신의 파트너를 소개하는 시간을 가질 때마다 톡톡 튀는 다양한 문장들이 참가자들의 탄성을 자아내게 하며 재미있게 모임을 시작할 수 있습니다. 1~2분 정도의 짧은 순간에 상대에 대한 포지셔닝을 통해 가장 적절하게 카피를 만들어내는 순발력은 모임을 한순간에 반전시켜 매력적인 시간으로 만듭니다.

> **Tip** 진행자도 참가자 전체를 위한 카피를 하나 준비하는 것이 좋습니다. 카피 스팟이 마무리될 즈음에 "여러분들을 위해 저도 카피를 하나 만들어 보았습니다"라고 하며 "그/그녀는 최고의 리더다!"또는 "그/그녀는 서비스다!"라는 카피를 소개합니다. 참가 대상의 직무나 업종에 따라 "그는 최고의 교수다 / 그녀는 행복한 리더다 / 그는 신사다 / 그녀는 에스프레소다" 등 정성이 담긴 카피를 준비하면 좋습니다.
> 이 카피 스팟은 쉽게 접근할 수 있어 모든 사람이 적극적으로 참여하며, 자신의 파트너를 격려하고 칭찬하며 멋있는 말들로 그/그녀들과 함께 긍정적인 에너지를 발산하면서 모임을 시작할 수 있어 효과적입니다. 두 가지 방법으로 운영할 수 있는데 카피를 만들 때 '명사'만을 사용하게 할 수도 있고, 또는 형용사를 사용해 상대방을 사람들에게 소개할 수도 있습니다.
> "그녀는 매력적이다 / 그는 여유 만만하다 / 그녀는 호수같이 잔잔하다 / 그는 아주 나빴다……" 등 어떤 카피든 자신의 마음을 쏟아 내놓게 하는 커뮤니케이션 시간으로 만들 수 있습니다.

퀴즈 & 퍼즐 스팟
Quiz & Puzzle Spot

　퀴즈와 퍼즐 스팟은 참여자들로 하여금 흥미를 느끼게 함은 물론 주어진 과정에 몰입하게 하는 효과가 있습니다. 퀴즈^{Quiz}, 수수께끼^{Riddle,} $^{Puzzle, Mystery}$는 인간 생활의 재치이며 지혜의 창고입니다. 또, 유익하고 즐거운 사고를 하게 하는 재미가 있습니다. 진리와 상식이 내포된 퀴즈와 수수께끼에는 인간의 삶을 회복시키고 재창조하는 레크리에이션의 힘이 담겨 있고, 수수께끼와 퀴즈로 묻고, 생각하고 답을 찾을 때 어린아이 같은 순수함을 발견할 수 있습니다.

　어린아이부터 청소년, 성인, 노인에 이르기까지, 그들의 상황에 맞게 언어 지도$^{어휘력\ 확장}$부터 치매 예방까지, 삶의 활력소가 되는 퀴즈, 퍼즐, 수수께끼는 여러 가지로 유익하게 작용합니다. 다양한 퍼즐을 풀어가다 보면 그 과정에 몰두해 집중력이 높아지고 이리저리 관찰하고 회전해보는 과정에서 융통성 있는 사고, 창의적인 문제해결 능력이 길러집니다. 잠언과 진리가 담겨 있는 수수께끼는 때때로 사람을 변화시키기도 합니다.

우리는 수수께끼라는 말에 무척이나 익숙합니다. 가족 간에, 또는 친구끼리 수수께끼를 내 심부름을 갔다 오기도 하고, 연인들끼리도 서로 간의 관심도를 알기 위해 '스무고개' 형식의 퀴즈나 수수께끼 놀이를 사용하기도 합니다.

이처럼 우리는 삶 속에서 퀴즈와 수수께끼를 익숙하게 하나의 놀이로서 즐기는데, 모임이나 연수 교육 중에도 퀴즈나 수수께끼, 퍼즐을 활용하면 분위기를 반전시킬 수 있습니다.

준비물: 퀴즈나 퍼즐, 속담이 담긴 PPT 또는 배부자료

소요 시간: 약 3분 정도

진행 방법
1. 스팟팅으로 짧고 간결해 효과적인 퀴즈나 퍼즐을 선택하세요.
2. 먼저, 질문 형식의 스토리텔링으로 강의 진행 중 자연스럽게 활용해보세요.
3. 참가자들에게 첨부자료를 A4 용지나 PPT 화면으로 준비해 이미지와 함께 보여줄 수 있습니다.
4. 주어진 문항을 너무 깊이 생각하지 말고 부담 없이 읽어보고 아는 대로 개인별로 대답할 수 있도록 유도하세요. 또는 팀별 대항으로 진행해도 좋습니다.

프로그램 변형
퀴즈가 좋다, 출발 동서남북, 스펀지, 속담 놀이, 천재들이 즐기는 수

학 퍼즐 게임, 난센스 퀴즈 500선, 알까기 건배사 200 등을 활용해 새로운 퀴즈를 개발하세요.

> **Tip** 퀴즈가 스팟 기법으로 활용하기 좋은 것은, 어떤 퀴즈든 사람들로 하여금 머릿속에 맴도는 정답들을 이것저것 이야기하면서 집중하게 하고 적극적으로 참여를 유도한다는 점 때문입니다. 게다가 엉뚱하면서도 재미있는 답들이 튀어나와 사람들을 자연스럽게 웃게 하는 묘미도 있습니다. 사람들은 퀴즈나 수수께끼 형식에 익숙해 정답을 맞히고자 하는 심리가 발동되고 분위기가 반전되는 요인이 되곤 합니다. 퀴즈는 인간이 가지고 있는 질문에 대한 완성 충동 심리가 가장 잘 표현되는 것으로, 짧은 시간에 사람들의 마음과 생각을 집중시킬 수 있는 좋은 방법입니다. 단, 유효기간이 지난 퀴즈는 쥐약입니다.

유머, 난센스 퀴즈 44가지

유머 퀴즈나 난센스 퀴즈는 강의를 시작할 때, 또는 중간중간 재미있는 퀴즈를 참가자들에게 내는 방식으로 활용할 수 있습니다. 퀴즈 내용이 강의 내용과 관련된 것이라면 강사의 재치가 돋보이고 준비된 강의 스팟이 될 수 있습니다. 다음 퀴즈 내용 중 7개, 또는 10개 정도를 뽑아서 각 팀별로 나누어주고 가장 빨리, 가장 많이 맞힌 팀에게 시상을 하겠다고 하면 집중력이 떨어지거나 졸리고 지루한 시간을 짧은 시간에 학습할 수 있는 상황으로 대체하는 효과를 만들어내며, 재미있게 참가자들의 마음을 집중시킬 수 있습니다. 다양한 방법으로 유머 퀴즈를 활용해봅시다.

1. 고기잡이배들이 제일 싫어하는 가수는?
2. '전신 나체의 남자가 있는 그림'을 네 글자로 말하면?
3. 개똥도 약에 쓰려면?
4. 가장 멋없는 춤은?

5. 운전사가 가장 싫어하는 춤은?

6. 가장 황홀한 춤은?

7. 왼쪽에 서면 좌익, 오른쪽에 서면 우익, 앞에 서면 선동 세력, 뒤에 서면 배후 세력, 그러면 중간에 서면 무슨 세력인가?

8. 여자가 서서 소변을 보는 곳은?

9. 사람 몸에 붙어 있는 곤충은?

10. 소금으로 부자가 되려면?

11. 돌보다 강한 물질은 무엇인가?

12. 육지에 사는 고래는?

13. 못생긴 여자만 좋아하는 사람은?

14. 진짜로 겉늙은 사람은?

15. 우리나라 도둑의 시조는?

16. 의사 중에 의과 대학을 나오지 않아도 되는 사람은?

17. 계시냐고 두드려놓고 안 계시기를 바라는 곳은?

18. 에너지가 없어도 가는 것은?

19. 이 콩깍지가 깐 콩깍지냐 안 깐 콩깍지냐를 5자로 한다면?

20. 시간이 지날수록 커지는 것은?

21. 사과는 언제 따 먹어야 맛있을까?

22. 거지가 싫어하는 색은?

23. 실패하면 살고 성공하면 죽는 것은?

24. 당신이 먹어본 감 중에서 세상에서 제일 맛없는 감은?

25. 당신이 먹어본 감 중에서 세상에서 제일 맛있는 감은?

26. '인생은 짧고, 예술은 길다'를 네 글자로 줄이면?

27. 대학에 제일 힘들게 들어갔을 것 같은 축구 선수는?

28. 니체: 신은 죽었다.

    신: 니체도 죽었다.

    청소부: (   ) 죽었다.

29. 요즘 맞벌이 부부들이 많다. 남편보다 연봉이 많은 아내를 황금알 낳는 오리라고 한다. 그리고 남편과 연봉이 비슷한 아내들은 청동오리라고 한다. 그러면 일 안 하고 집에서 남편이 벌어다 주는 돈을 받는 아내를 뭐라고 하는가?

30. 백악관은 영어로 화이트하우스, 청와대는 블루하우스라고 한다. 그러면 투명한 집은 뭐라 할까?

31. 학생들이 가장 좋아하는 동네는?

32. '개가 사람을 가르친다'를 네 글자로 줄이면?

33. 범죄 신고는 113, 화재 신고는 119, 심심할 때는?

34. 일 더하기 일은 중노동, 이 더하기 이는 덧니, 이 빼기 이는 틀니다. 그러면 삼 더하기 삼은?

35. 사람들이 가장 좋아하는 영화는?

36. 우리나라에서 제일 시끄러운 도시는?

37. 양파 껍질을 계속 벗기면 무엇이 나올까?

38. 형제가 싸우는데 주위 사람이 동생 편만 들어주면 어떤 싸움이 될까?

39. 사과 7개 중에 3개를 먹으면 몇 개가 남는가?

40. 사람은 결혼-이혼-재혼의 과정을 통해서 더 나은 행복을 추구한다. 그러면 무엇이 2퍼센트 부족해서 결혼하고 이혼하고 재혼을 하게 되는가?

41. 두 발 달린 소는? 이발소, 그러면 가장 예쁜 소는?

42. 분명히 내 것인데도 남이 더 많이 쓰는 것은?

43. 잠을 가장 빨리 자는 가수는?

44. 이청용과 기성용을 이어준 축구 선수는?

정답

유머, 난센스 퀴즈 44가지

이름용

1. 배웅수 2. 장난감도 3. 로지스자의 아기를 편에서 듣다. 4. 양기사용돈 5. 우리강아지 6. 양말을 7. 해일 새해 8. 수영장 9. 사이다 10. 소원 공으로 나누어 쓴다. 11. 바다가되어(아리 물을 통해 나누게) 12. 풍고기대 13. 성동이와 의사 14. 정윤석해 만든 사람 15. 바둑돌속 16. 장아리 17. 돌팔이 18. 새발 19. 감 긴 치 감 21. 수권 인 할 때 22. 인체 23. 자랑 24. 응답이 25. 자시김 26. 인형 예~을 27. 이긴수 28. 나에 롤 29. 단팥죽이 30. 윤오리주 31. 뚫현등 32. 개도지도 33. 369 34. 육(6) 35. 무지갯돈환 36. 부지 37. 곡률 38. 원탉씨음 39. 시끌여자가 40. 절통(파도탐)~이돈(인터넷)~재봉(기아텔) 41. 유상해서 42. 미소 43. 이불 44. 이미지용

주어진 단어의 공통점 찾기

1. 미팅, 사진, 포크, 도끼, 도장, 선거, 인쇄
2. 무당, 집게, 장구, 배추, 바퀴, 개똥, 딱정
3. 거울, 달걀, 계, 기록, 유리그릇, 접시, 얼음
4. 심술, 투정, 주책, 늑장, 고집, 욕심, 하인
5. 개, 살쾡이, 코끼리, 곰, 독수리, 호랑이, 강아지
6. 영국, 일본, 필리핀, 싱가포르, 뉴질랜드, 자메이카, 대만
7. (단위) 암페어, 볼트, 마하, 줄, 시버트, 뉴턴, 헤르츠
8. 중부 내륙, 중앙, 남해, 영동, 경부, 중부, 서해안, 호남, 대전
9. 케네디, 레오나르도 다빈치, 샤를 드골, 인디라 간디, 장제스
10. 사랑채, 녹지원, 효자동, 상춘재, 무궁화동산, 춘추관,

정답

주어진 단어의 공통점 찾기

1. 찍는다, 2. 벌레, 3. 깨진다, 4. 부린다, 5. 동물(포유류), 6. 섬나라, 7. 사람 이름, 8. 고속도로, 9. 성(姓)이 없다, 10. 청와대

숫자 퍼즐
Numbers Puzzle

목표: 이 간단한 숫자 퍼즐 게임의 과제는 각 팀에 문제해결 능력을 키워주는 데 있습니다. 각 팀 멤버들은 한 팀으로서 함께 팀워크를 이루고 문제를 풀어가는 과정 속에 숨어 있는 각 팀원의 능력을 알아가게 됩니다.

소요 시간: 3분

준비물: 첨부자료 I

진행 방법
1. 전체 그룹을 5~7명의 소그룹으로 나눕니다.
2. 팀별로 첨부자료 '숫자 퍼즐' 자료를 배부합니다.
3. 퍼즐에 있는 숫자들을 4개의 영역으로 나눕니다. 단, 같은 영역에 있는 숫자들은 모두 달라야 합니다.

* 첨부자료 Ⅰ

3	2	1	1
3	1	4	3
4	3	2	4
2	2	1	4

* 첨부자료 Ⅱ : PPT 자료

느낌 나누기

문제해결을 위해 팀원들이 모두 참여했습니까? 당신의 역할에 대해 만족합니까? 당신은 문제해결을 위해 말과 행동을 많이 했습니까? 전혀 하지 않았습니까?

정답   숫자 퍼즐 Numbers Puzzle

단편적 사고 뛰어넘기

목표: 창의적인 아이디어로 사고할 수 있는 능력을 배양합니다.

소요 시간: 3분

준비물: 첨부자료 Ⅰ, Ⅱ, Ⅲ, A4 용지나 PPT 자료

진행 방법

1. 참가자들에게 칠판에 쓰라고 하거나, 첨부자료로 준비된 로마자 Ⅸ를 보여줍니다.
2. 브레인스토밍 과정을 통해 개인별 또는 그룹별로 6을 나타내는 모든 방법을 찾아보라고 주문합니다.
3. 참가자들에게 'Ⅸ'로부터 단 한 번의 획을 사용해 6을 만들라고 주문합니다.
4. 참가자들에게 약 1~2분간 생각할 시간을 줍니다.

5. 자신들의 아이디어를 적은 뒤 개인별 또는 조별로 발표하게 합니다.
6. 교육 참가자들 가운데 맞혔거나 창의적인 다른 아이디어를 낸 사람을 시상합니다.

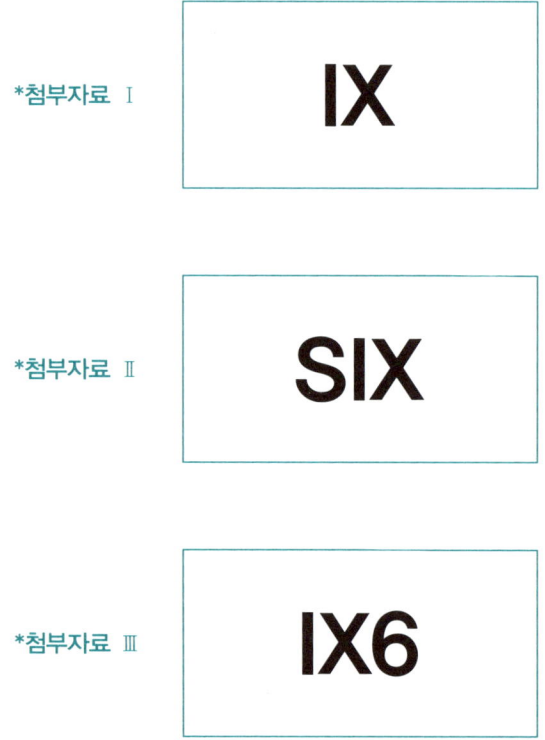

*첨부자료 Ⅰ — IX

*첨부자료 Ⅱ — SIX

*첨부자료 Ⅲ — IX6

정답   단편적 사고 뛰어넘기

SIX와 IX6(IX9)의 PPT를 표 사용합니다.

16개의 정사각형
Sixteen Squares

목표: 우리는 그저 무심히 볼 때보다 신중히 살펴볼 때 더 많은 것을 볼 수 있습니다. 그럼에도 불구하고 우리는 종종 그 해답을 끄집어내 줄 사람을 필요로 합니다. 교육이란? '끄집어내는 일'Pull out, Draw out 입니다. 다음은 서로서로의 속에 있는 것들을 좀 더 많이 끄집어내는 과정으로 사용할 수 있는 간단한 스팟입니다. 이 스팟은 눈에 보이는 현상과 보이지 않는 현상을 조화해 문제를 해결할 수 있는 시각을 열어줍니다.

소요 시간: 3분

준비물: 첨부자료(PPT 또는 배부자료)

진행 방법
1. 준비된 PPT를 보여주거나 배부자료를 나누어줍니다.

2. 참가자들에게 총 몇 개의 정사각형을 찾아낼 수 있는지 질문합니다.

3. 대부분의 참가자들이 16개라고 대답할 것입니다. 17개라고 말하는 사람들도 있습니다.

4. 참가자들에게 약 1분 정도 생각할 수 있는 시간을 주며 16개 이상을 볼 수 있는지 물어봅니다.

5. 16개의 정사각형보다 더 많은 정사각형을 찾아낸 사람들의 설명을 들어봅니다.

6. 자신들의 아이디어 또는 팀별 의견들을 적은 뒤 개인별 또는 조별로 발표하게 합니다.

7. 지금 당신에게는 몇 개의 정사각형이 보입니까?

*첨부자료

Tip 이 스팟팅의 요점은 우리에게 보이는 것과는 전혀 다른 사물이나 사람들에 대한 관심과 관찰 그리고 관계를 요구하는 것입니다. '상자 밖의 사고' Out of the Box 를 하게 되면 사물과 사람들을 볼 때, 그 가능성과 잠재능력을 보게 됩니다.

"지금 내가 만나고 있는 사람들의 겉모습만 보지 마세요! 더 많은 것을 보고 행동하기 위해서는 변화를 수용하고, 더 정확한 것을 보아야 하며, 늘 열린 마음을 유지해야만 합니다."

― 지그 지글러, 《정상에서 만납시다》 제1장 '다르게 생각하라' 중에서

정답　　　　　　　　　　　　　　　　　　　　　　　16개의 정사각형 Sixteen Squares

30개 = 1칸 정사각형 16개 + 4칸이 들어간 정사각형 9개 + 9칸이 들어간 정사각형 4개 + 그리고 전체 16칸이 정사각형 1개

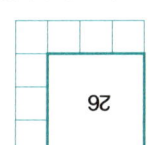
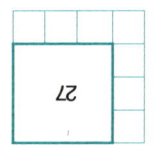
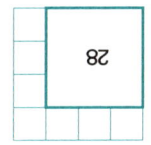
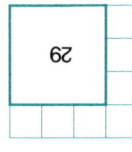
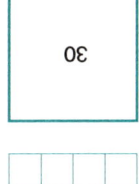

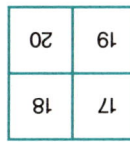
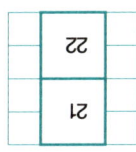
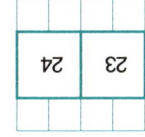
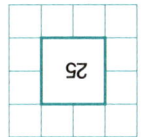

155

더 중요한 것 찾기

목표: 오른쪽 2개 중 어느 것이 더 커 보입니까? 가정과 직장은 그 중요성을 비교하기 어렵습니다. 마치 동전의 앞면과 뒷면과 같은 것입니다. 가정이 중요합니까? 직장이 중요합니까? 행복한 가정을 위해서는 직장이 중요하며, 행복한 가정생활을 영위할 때 직장생활에도 최선을 다할 수 있습니다.

진행 방법

1. 도화지나 하드보드지로 오른쪽과 같은 2개의 시각 교재를 만듭니다.
2. 2개의 시각 교재를 보여주며 "어느 것이 더 크고 중요한가?"라고 물어보세요.
3. 예를 들면, '직장과 가정'을 가지고 물어볼 때, '직장'이라 쓰인 시각 교재를 '가정'이라 쓰인 시각 교재 위쪽에 놓고 '2'의 질문을 다시 합니다. 다시 '가정'이란 글씨를 '직장'이란 글씨 위에 놓고 '2'의 질문을 다시 합니다.

4. 어느 것을 위에 놓느냐에 따라 크기가 각각 달라 보일 것입니다.
5. 결국 둘 다 중요한 것이고, 서로 상호 의존적인 것임을 알게 합니다.
6. 이런 테마나 단어의 사례는 모임의 주제나 참가자의 관심, 그 시대의 이슈를 가지고 만들 수 있습니다. 예를 들면, '멋진 인생과 연습', 'Presentation & Content'.
7. 둘 다 서로에게 상호 의존적이고 중요한 것들임을 알 수 있습니다.

어느 것이 더 커 보이는가?

"시끄럽게 싸움이 시작되었다. 오빠와 동생이 서로 큰 케이크를 먹겠다고 야단이다. 실제로는 크기가 똑같은데 어떻게 하면 이 남매를 납득시켜 달랠 수 있을까?"

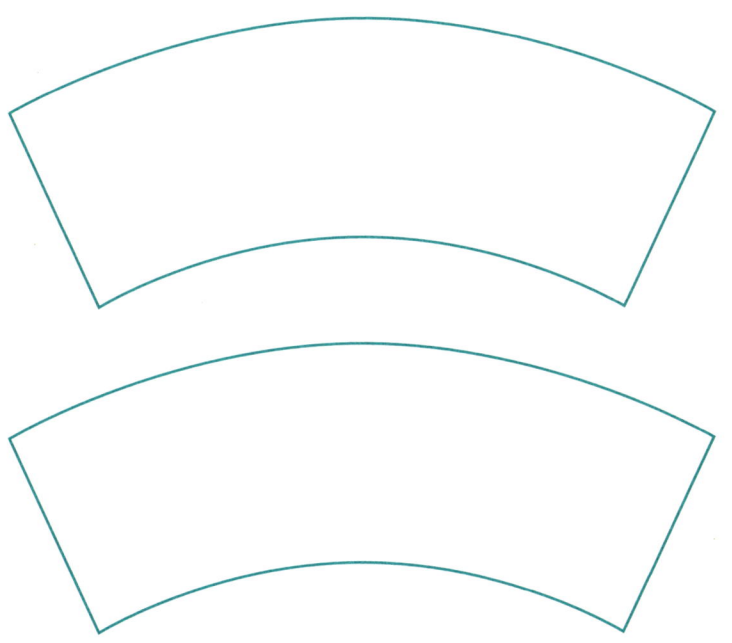

자스트로 착시라 불리는 이 도형 퍼즐 게임에서 두 사람의 케이크를 위아래를 바꾸어 놓으면 아래로 내려놓은 케이크가 더 크게 보여서 동생이 좋아합니다. 왜 이런 일이 일어날까요? 주위 환경에 의한 시각적인 혼선에서 비롯된 착시 때문입니다. 그럴 때 주위 환경을 바꾸어보거나 약간의 개선만 가해도 이런 혼선과 착시 현상을 막을 수 있습니다.

쉬어 가는 퀴즈

1. 인생을 살아가면서 가장 무서운 벌레는?

2. 같은 방식으로 같은 일을 반복하면서 다른 결과를 기대하는 것을 무엇이라 하는가?

3. 화장실에서 지금 막 나온 사람은?

4. 다른 사람의 말을 잘 듣지 못하는 사오정이 다니는 학교는?

정답

쉬어 가는 퀴즈

① 대충(大蟲) ② 정신장애 ③ 일본사람 ④ 버러지교(校)

알파벳 6개
vs Six letters

스팟, 아이스브레이크 자료를 찾다 보니 외국 자료까지 보게 되었습니다. 출판된 여러 자료들을 볼 때 도대체 이게 무슨 소리인지 모르겠는 자료들이 많이 있는데, 원서를 보다가 발견한 것은 번역을 잘못해서 전달해 문제를 어렵게 만들거나 이해를 방해했다는 것입니다. 번역은 제2의 창작이라고 말하지만, 잘못된 번역은 반역이 된다는 것을 기억해야 합니다.

1. 다음 중 알파벳 6개를 지워서 우리 모두가 알 수 있는 단어를 만들어보세요. 단, 순서를 바꾸어서는 안 됩니다. 여러 가지 방법으로 이 문제를 생각해보세요.

    C S R I E X L E A T T T E R E S

2. 다음 중 알파벳 6개—Six letters—를 지워서 우리 모두가 알 수

있는 단어를 만들어보세요. 단, 순서를 바꾸어서는 안 됩니다. 여러 가지 방법으로 이 문제를 생각해보세요.

CSRIEXLEATTTERES

BSAINXLEATNTEARS

정답 **알파벳 6개 vs Six letters**

알파벳 6개를 지우라는 문제도 풀리고 아랑기만 풀립니다. 그러나 두 번째 문자에서 Six Letters를 지우라 는 문제는 어려워집니다. 그래서 두 문자의 정답은 CREATE와 BANANA입니다.

고사성어를 이용한 퀴즈 스팟
故事成語

故事^{고사}란 옛날부터 전해 내려오는 유래 있는 일, 또는 옛일을 말하고, 成語^{성어}란 숙어, 또는 고인이 만들어 널리 세상에서 쓰이는 말로 오랜 세월에 걸쳐 굳어진 전래적인 성어와, 현대 언어생활에서 만들어진 현대적인 성어가 있습니다. 전래적인 故事^{옛이야기} - 逸話^{일화}가 얽혀 있는 것을 고사성어라고 합니다. 고사성어는 대체로 2~4자로 이루어진 관용구로서, 그 성어를 이루는 한자말의 뜻풀이인 겉뜻^{직역}과 그 고사의 내력이나 고문헌에서 의도했던 바의 속뜻^{의역}을 지니고 있습니다.

강의 진행 중에 '우리는 누구나 길들여진 사람들이다'라는 주제를 가지고 학습자들이 열띤 토의를 벌였습니다.

- 길들이기는 좋습니까? 나쁩니까?
- 긍정적 태도를 강화하고 부정적인 태도를 바꾸기 위해 할 수 있는 일은 무엇입니까?
- 나의 삶에 가장 긍정적인 영향을 끼친 사람은 누구입니까? 왜 그러

하며 어떤 영향을 주었습니까?
- 업무상 실수를 퍼스널 리더십의 성장 기회로 만들기 위해 할 수 있는 일은 무엇입니까?

4개의 팀으로 나누어 토의하고 발표가 끝나갈 무렵 지금 우리가 학습하는 상황을 고사성어로 표현한다면 뭐라 할 수 있겠느냐고 질문을 했습니다. 순간 학습자들이 강사에게 집중하며 생각 끝에 한마디씩 하기 시작합니다.

走馬看山 주마간산 / 改過遷善 개과천선 / 晝耕夜讀 주경야독 /

三昧境 삼매경 / 他山之石 타산지석 / 左衝右突 좌충우돌

수박 겉핥기식 고사성어가 한마디씩 나올 때마다 와우! 하는 함성이 터지고 어떤 고사성어에는 웃음을 터뜨리며 순간적으로 스팟팅이 이루어지고 있었습니다. 강의를 듣다 보면 간혹 강사들이 고사성어를 사용하는 것을 보게 됩니다.

고사성어는 비록 중국에서 만들어졌지만, 한자 문화권에 사는 우리에게도 촌철살인의 진리와 인간 세상의 오묘함이 묻어나는 지혜를 전해줍니다. 고사성어는 현대를 사는 우리에게 조리 있는 대화나 설득력 있는 문장 등을 쓰는 데 도움이 된다는 생활적 측면뿐만 아니라, 고금 古今 을 통해 인간의 보편적 삶의 지혜를 체득하는 지름길이 된다는 측면을 갖고 있습니다. 이런 고사성어는 함축적이고 핵심적인 스팟 기능을 가지고 있는 영역으로 사람들을 접점에서 만나고 가르치는 일을 하는 사람들에게는 연구할 가치가 있습니다.

1. 卒啄同時

이 고사성어는 어떻게 읽습니까? 이 고사성어의 뜻은 무엇입니까?

〈벽암록〉을 보면 '줄탁동시'라는 말이 나옵니다. 닭이 알을 품었다가 달이 차 알 속의 병아리가 안에서 껍질을 쪼는 것을 '줄'이라 하고, 어미 닭이 그 소리를 듣고 밖에서 마주 쪼아 껍질을 깨뜨려주는 것을 '탁'이라고 합니다. 이 일이 '동시에' 일어나야 병아리가 알에서 나올 수 있습니다. 불교에서 스승이 제자를 지도해 깨달음으로 인도하는 것을 비유할 때도 이 말을 씁니다. 우리 일상에서도 스승과 제자 간에 가르치고 배우는 어느 순간 딱 맞아떨어지는 것을 '줄탁동시'라고 말합니다. 이 일은 항상 동시에 이루어지는 것입니다. '놓쳐서는 안 될 좋은 시기'를 비유해 상부상조의 의미로도 쓰이고 있습니다. 줄탁도시라고도 하며 줄여서 '줄탁'이라고도 합니다. 줄탁의 행위가 동시에(=줄탁동시) 같은 곳을 향해 정확히 이루어져야 병아리가 탄생할 수 있는 것입니다. 병아리가 세상 밖으로 나오기 위해서는 병아리 스스로가 껍질을 수없이 쪼아대는 '줄'의 노력을 하지 않으면 안 됩니다. 어미 닭의 '탁'은 이러한 병아리의 노력에 길을 터주는 역할을 할 뿐입니다. 어쩌면 알 속의 병아리에게는 어미 닭의 '탁'에 의존해 새 생명을 얻고 싶은 욕망이 있을 수도 있습니다. 그러나 '탁'으로만 세상 밖으로 나온 병아리는 병들어 죽거나 건강한 닭으로 성장할 수 없습니다.

줄탁동시: 안과 밖에서 동시에 쪼아서 깬다.

'줄탁동시'의 오묘함을 보면서 생명을 가진 모든 것은 혼자가 아닌 상호의존과 상호 보완의 삶 속에서 존재할 수 있다는 것을 인식할 필요가 있습니다. 이 세상에 독불장군은 없습니다. 저 혼자 잘나서 출세하고 거리를 활보하는 것 같지만 눈에 보이지 않는 많은 관계와 후원 속에서 존재하는 것입니다. 오르막길을 오르는 짐수레 뒤에서 조금만 힘을 얹어도 수레는 가볍게 오르막길을 오를 수 있고, 굶주린 사람의 허기를 간단히 면해주면 그가 쉽게 재기할 수 있듯이, 내가 남에게 유익함을 주는 행위가 '탁'인 것입니다. 즉 노력은 '줄'이요, 그 노력에 힘을 보태고 용기를 주는 것이 '탁'입니다.

중요한 것은 물질적 '줄탁동시'도 중요하지만, 사랑, 관용, 화해, 양보, 베품, 예절 등의 정신적인 '줄탁동시'도 결코 간과해서는 안 된다는 것입니다. 우리는 자기계발을 위한 '줄'의 삶을 살면서 남의 완성에 보탬이 되어주는 '탁'의 인생을 살아야 합니다.

줄탁동시! 여기에 인생의 알파와 오메가가 들어 있는 것이 확실한 것 같습니다. 강사와 참가자가 함께 가르치고 응답하는 반응이 있을 때 최상의 경험을 공유하는 학습이 될 것입니다.

2. 適者生存 적자생존, Survival of the fittest

이 고사성어는 원래 생존 경쟁의 세계에서 외계의 상태나 변화에 적합하거나 잘 적응해야만 살아남는다는 의미로 최적자 생존을 말하기도 합니다.

유머 스팟의 대가들이 많이 사용하는 방법 가운데 하나가 동음이의어 기법입니다. 똑같은 글자가 두 가지 이상의 의미로 변신하는 기법으로, 상식적으로 알고 있던 의미를 인간관계와 대화 속에서 생각하지 못했던 전혀 다른 의미로 전달하면서 사람들의 마음과 생각을 움직이고 자연스럽게 웃음을 터뜨리게 하는 방법입니다. 우리가 이미 알고 있는 적자생존의 의미에 또 다른 어떤 뜻이 있는지 생각해봅시다.

1. 赤字生存^{적자생존}, survival of the deficit: 인간 사회 및 생물계에서의 생존 경쟁에서 손해를 입은 자가 승리자가 된다는 의미로 인간관계에서 조금 적자를 보아야 생존한다는 뜻으로 사용되고 있습니다.
2. 적자생존: 적어야 산다. 강사들이 강의를 하면서 메모나 기록의 중요성을 강조할 때 적자생존의 의미를 물어 고사성어를 이용한 스팟팅을 합니다.
"네, 기록을 많이 하셔야 합니다. 중요한 내용입니다. 여러분 적자생존이란 말 아시죠? 적어야 산다는 뜻입니다."
3. 혁자생존: 혁신을 해야 산다.
4. 행자생존: 행동해야 산다.

이렇게 말이 재치 있게 바뀌고 있습니다.

동음이의어 기법에 관심을 가지고 조금만 노력하면 강의를 하는 당신의 재치와 지혜가 참가자들에게 눈부시게 전달될 것입니다. 우리 생활 속에서 생각나는 동음이의어들에 어떤 것들이 있습니까? 한번 적어 봅시다. 지금 여기에!

- '테니스를 탈퇴하고 골프로 돌아온다'는 사자성어는?: 환골탈퇴
- '비가 오면 환자가 없다'의 사자성어는?: 유비무환
- '의사가 조금 아프다'는 사자성어는?: 의사소통
- '남자가 절대 하지 말아야 할 세 가지'의 사자성어는?: 초년성공, 중년상처, 노년무전

- '전화를 자주 하면 복이 온다'는 고사성어는?: 전화위복

참고로 일상에서 많이 사용하는 고사성어들은 다음과 같습니다.

修身齊家治國平天下 수신제가치국평천하 / 大器晚成 대기만성 /
自暴自棄 자포자기 / 以心傳心 이심전심 / 五里霧中 오리무중 /
糟糠之妻 조강지처 / 天高馬肥 천고마비 / 一擧兩得 일거양득 /
靑出於藍 청출어람 / 漁父之利 어부지리 / 草綠同色 초록동색 /
賊反荷杖 적반하장 / 登龍門 등용문 / 千里眼 천리안 /
知彼知己 百戰百勝 지피지기 백전백승

있다, 없다 퀴즈

1. 있다, 없다 퀴즈 I

- 갓은 있고, 도포는 없습니다.
- 물은 있고, 불은 없습니다.
- 백은 있고, 흑은 없습니다.
- 총각은 있고, 처녀는 없습니다.

2. 있다, 없다 퀴즈 II

- 수영장에는 있지만 바다에는 없습니다.
- 북두칠성에는 있지만 북극성에는 없습니다.
- 체육에는 있지만 보건에는 없습니다.
- 사전에는 있지만 옥편에는 없습니다.
- 일본인에게는 있지만 한국인에게는 없습니다.
- 정주영에게는 있지만 정몽준에게는 없습니다.
- 국사에는 있지만 국어에는 없습니다.

- 모의고사에는 있지만 수능에는 없습니다.
- 이번 주에는 있지만 다음 주에는 없습니다.
- 삼성에는 있지만 LG에는 없습니다.
- 아이들에게는 있지만 성인에게는 없습니다.
- 일기에는 있지만 달력에는 없습니다.
- 평일에는 있지만 주말에는 없습니다.
- 팔에는 있지만 다리에는 없습니다.
- 사이다에는 있지만 콜라에는 없습니다.

3. 있다, 없다 퀴즈 Ⅲ
- 삼성에는 있지만 현대에는 없습니다.
- 군자에게는 있지만 소인에게는 없습니다.
- 오리에게는 있지만 백조에게는 없습니다.
- 대화에는 있지만 토론에는 없습니다.
- 온수에는 있지만 냉수에는 없습니다.
- No one has it. Some one has not!
- 신사에게는 있지만 숙녀에게는 없습니다.
- 중동에는 있지만 남미에는 없습니다.
- 강변에는 있지만 해변에는 없습니다.
- 상록수에는 있지만 침엽수에는 없습니다.
- 방학에는 있지만 개학에는 없습니다.
- 오류에는 있지만 에러에는 없습니다.
- 목동에게는 있지만, 양치기에게는 없습니다.
- 보라매에게는 있지만, 독수리에게는 없습니다.

- 수색에는 있지만, 검색에는 없습니다.

4. 있다 없다 퀴즈 Ⅳ

- 서울에는 있는데, 대구에는 없습니다.
- 하늘에는 있는데, 바다에는 없습니다.
- 삼성에는 있는데, 대우에는 없습니다.
- 울릉도에는 있는데, 제주도에는 없습니다.
- 연세대에는 있는데, 고려대에는 없습니다.
- 찜질방에는 있지만, 사우나에는 없습니다.
- 비행기에는 있는데, 기차에는 없습니다.
- 유럽에는 있지만, 아프리카에는 없습니다.
- 독도에는 있는데, 마라도에는 절대로 없습니다.
- 축구에는 나오지만, 야구에선 볼 수 없습니다.
- 월드컵에서는 볼 수 있는데, 메이저리그에서는 볼 수 없습니다.
- 남자에게는 있지만, 여자에게는 없습니다.
- 엄마는 가졌지만, 아빠는 없습니다.
- 천재들에게는 있는데, 바보들에게는 없습니다.
- 콜라에는 있는데, 사이다에는 없습니다.
- 수돗물에는 있는데, 지하수에는 없습니다.
- 양주에는 있는데, 소주에는 없습니다.
- 떡볶이에는 있지만, 피자에는 없습니다.
- 상의에는 필요하지만, 하의에는 별 필요 없습니다.
- 탤런트들에게는 있지만, 가수들에게는 이게 없습니다.
- 동전에는 있는데, 지폐에는 없습니다.

- 텔레비전에는 있는데, 라디오에는 없습니다.

있다, 없다 퀴즈
① 글자 ② 받침이 'ㅇ' ③ 'ㄴ, ㄹ, ㅇ, ㅅ, ㅈ, ㅊ' ④ 자음자만 ⑤ 받침 글자

정답

게임 스팟
Game Spot

"아무것도 할 일이 없을 때 바로 게임이 우리에게 할 일을 준다.
그래서 우리는 게임을 '오락'이라 하고 삶의 빈틈을 메우는
하찮은 수단으로 여긴다. 그러나 게임에는 그보다 훨씬 큰 의미가 있다.
게임은 미래의 실마리다."

― 버나드 슈츠

우리는 아주 어렸을 때부터 게임을 했습니다. 엄마와 아기가 눈을 맞추고 엄마가 기뻐하며 아기에게 웃으면서 하는 말에 아기가 옹알이로 엄마에게 화답할 때, 그 사회적 첫 만남, 관계적 첫사랑, 첫 게임이 시작되었습니다. 지금도 우리 아이들 주변은 온갖 게임으로 가득합니다. 주위를 둘러보면 날이 갈수록 다양한 게임들이 점점 더 깊숙이 우리 삶의 일부분이 되어가고 있습니다. 그리고 우리가 생각하지도 못한 게임들이 쏟아져 나와 게임에 중독되기도 합니다. 우리 아이들과 많은 사람들이 즐겨 하는 아이패드와 포켓몬 등의 게임기들이 집에서, 음식점에서,

그리고 여행지에서도 사람들로 하여금 좋아하는 게임에 푹 빠지게 합니다.

최근에는 게임과 시뮬레이션의 교육적 적용을 연구한 게임 제작자나 프로게이머들이 여기에 이야기를 실어 재미있는 학습 자료로 제공하기도 합니다. 이렇게 학습에 게임이 지니는 가치를 실어 지식이나 지혜, 아이디어를 다른 사람들에게 전달하는 새로운 경험을 통해 사람들은 활동적인 게임들에 중독되기도 합니다. 게임에 대한 이해와 시각이 많이 달라지고 있습니다. 게임이 시간만 낭비하는 하찮은 것이 아니라는 말입니다.

인간은 놀이하는 인간호모 루덴스, homo ludens입니다. 즉 인간은 평생에 걸쳐 놀이를 하게 되어 있습니다. 그러므로 게임과 놀이는 어쨌든 기쁘고 즐거운 활동이어야 합니다. 게임에는 재미있게 노는 것만이 아닌, 그 이상의 어떤 것이 있습니다. 게임의 즐거움을 통해 사람을 만나고 자기 스스로를 이해하는 인간다움의 가치를 찾게 되는 것입니다. 게임은 그저 시간 때우는 데 쓰이는 방법이 아닙니다. 많은 교수 방법 중 게임을 통해서 놀면서 학습하는 것을 지켜보는 것은 저에겐 새로운 도전이었습니다.

왜 사람들은 게임에 집중할까요? 게임은 왜 재미있을까요? 게임 활동에 참여한 이후에 학습에서도 같은 주도성을 갖고 적극적으로 대화에 참여하는 것은 무엇 때문일까요? 게임은 단지 승패를 다투기 위해서 행해지는 것이 아니라, 여러 가지를 배우기 전에 참가자들이 기분과 긴장을 풀며 서로의 마음이나 행동의 버릇을 알고 친근감을 갖게 만들기 위한 것입니다. 그래서 게임과 놀이는 좋은 관계를 만들어가는 열린 과정이라 할 수 있습니다. 그러면 세미나나 교육 연수에서 어떤 놀이와 게임들을 할 수 있을까요?

먼저, 누구나 이해할 수 있는 간단한 게임 규칙이 만들어져야 합니다. 모임에 참가한 사람들이 단계적으로 마음을 열고 성장할 수 있는 놀이 계획이 필요합니다. 이런 게임의 의미를 살려서 어떻게 강의 중에 게임적인 요소를 활용할 수 있을까요? 어떻게 우리 주변에 널려 있는 재미 요소와 게임 요소를 교육적 의미와 함께 강의장에 가져올 수 있을지를 함께 고민해보고, 짧고 재미있는 게임 스팟을 통해서 사람들을 연결시키고 마음을 열어 학습하게 하세요.

게임 스팟의 목적

1. 동료 의식이 생기는 게임

첫 모임에서 편안한 분위기를 조성하고 강사와 수강생들이 공동체 생활에 잘 참여할 수 있도록 만들어나가는 쉽고 재미있는 게임이 좋습니다. 세미나에 참석한 수강생 전체를 대상으로 게임을 진행하며 서로를 인식하고 이해하게 하는 시간이어야 합니다. 함께 웃고 즐기는 이 게임 시간은 동료 의식^{파트너십}을 갖게 하는 데 목적이 있습니다.

2. 팀 정신이 키워지는 게임

모임이 시작되어 그룹이나 조를 편성하면서 각 팀들은 팀워크를 다지게 되고 팀원들은 서로 돕고 협력하며 팀 정신을 키워나가게 됩니다. 그룹과 그룹이 서로 경쟁적인 게임을 하며 결국은 전체 그룹이 하나라는 의식을 키워나가게 하는 데 게임의 목적이 있습니다.

3. 공동체 의식으로 발전하는 게임

놀이는 언제, 어디서나, 누구라도 가볍고 유쾌하게, 밝고, 즐겁게 할 수 있는 것으로 적은 인원에서부터 많은 인원까지 몸과 마음을 움직이게 하는 것이 좋습니다.

게임과 놀이는 단지 기분전환이나 즐거움 그 자체만을 위한 것이 아닙니다. 우리에게는 좀 더 큰 목적이 있습니다. 놀이를 통해 서로 마음을 열게 하는 것이 게임 스팟의 목적입니다.

게임의 좋은 점은,
실패하더라도 몇 번이고 새롭게 시도할 수 있으며,
구제받을 수 있다는 것이다.

게임은 즐거운 것입니다. 게임은 이치를 벗어난 즐거운 활동입니다. 그래서 학습자들의 마음을 열고 마음에 호소하고 마음을 움직이는 매력이 있습니다.

게임 스팟의 목적이기도 하고 매력이기도 한 '자신을 표현하는 장소'로서 게임은 가장 좋은 활동이라고 말할 수 있습니다. '아, 게임을 잘하는구나, 못하는구나'라고 단정하기보다 '게임 활동에 어떻게 임하는구나, 어떻게 즐기고 있구나' 하는 것을 살펴보는 것이 더 중요합니다.

또, 즐겁게 잘 놀았다고 좋은 프로그램인 것은 아닙니다. 이 게임 활동을 통해서 리더십이 개발되고 상호 교류가 이루어지며 게임의 본질인 즐거운 시간을 가지게 해야 합니다. 그래서 좀 더 즐거운 시간을 만들기 위해 어떻게 하면 좋을까 연구해야 합니다.

게임의 요소

경쟁 | 우연성 | 모의 | 모험

게임에 몰두해 흥미진진하게 활동하는 학습 참가자들을 관찰하면 많은 것을 발견할 수 있습니다. 당신이 선택한 게임 스팟을 통해 다음과 같은 것들이 이루어지고 있는지 살펴봅시다.

1. 움직이고 있다.
2. 몰두하고 있다.
3. 즐거워한다.
4. 사이가 좋아진다.
5. 서로 웃고 있다.
6. 변하고 있다.
7. 분발한다.

성공적인 게임 진행을 위한 게임 진행자의 마음가짐과 체크리스트

1. 목적을 바르게 파악하고 있는가?
2. 연령, 성별, 인원, 경험 등 참가자들의 정보를 파악하고 있는가?
3. 어떤 게임을 할 것인지 결정했는가?
4. 모임 장소는 게임 진행에 적합한가?
5. 준비물은?
6. 처음 만나서 분위기는 어떻게 잡아갈 것인가?
7. 게임 설명은 간결하게!
8. 게임 진행자의 태도는 단정하고 자연스러운가?
9. 한 사람, 한 사람을 중요하게 여겨라.

10. 게임 중 규칙과 협력을 중요하게 보아야 한다.
11. 장소와 도구에 위험은 없는지, 게임 내용이 무리한 것은 아닌지, 안전 대책을 세웠는가?
12. 낭비된 시간은 없는가?
13. 만일의 상황에 대해 임기응변의 조치를 취할 수 있는가?
14. 게임 리더 자신도 즐겁다는 태도를 갖고 있는가?

핸드 게임
손가락 잡기

목표: 손가락 잡기 게임은 자연스러운 스킨십으로 상대방에 대한 관심과 게임에 대한 집중력을 높입니다. 또, 참가자들 간에 친밀감을 높여주는 효과적인 오프닝 스팟 게임입니다.

인원: 2명씩 짝을 짓거나 소그룹 범위, 또는 전체 게임으로도 가능합니다.

진행 방법

1. 먼저 두 사람씩 짝을 짓습니다.
2. 서로 왼손 바닥을 펴서 각 파트너 앞에 놓습니다.
3. 서로 오른쪽 검지를 펴 파트너의 손바닥 위에 세워 놓습니다.
4. 진행자의 신호에 따라 나의 왼쪽 손은 상대방의 손가락을 잡고 오른쪽 손가락은 재빠르게 탈출합니다.
5. 상대방 손가락을 잡으면 1점. 자신의 손가락이 잡히면 -1점. 잡히

지도 않고 잡지도 못하면 0점.
6. 자신의 점수를 자신이 계산해 승자를 결정합니다. 5점까지 진행하는 것이 좋습니다.

> **Tip** 커플 게임이 아닌 전체 게임으로 응용해서 진행할 수도 있습니다.
> 1. 원형으로 둘러앉아 서로서로 왼손 바닥을 펴서 왼쪽 사람 앞에 놓고 자신의 오른쪽 손가락을 자신의 오른쪽에 있는 옆 사람 손바닥 위에 올려놓습니다. 진행자의 신호에 따라 전체가 동시에 할 수 있습니다.
> 2. 미꾸라지 잡기라는 방법으로 진행할 수도 있습니다. 서로 왼손의 엄지와 검지를 맞닿게 하고 링을 만든다 주먹을 쥐듯이 나머지 손가락을 동그랗게 모읍니다. 상대방의 왼손 구멍에 자신의 오른쪽 검지를 집어넣고 진행자의 신호에 하나, 둘, 셋 따라 빨리 손가락을 빼냅니다.

핸드 게임
집어! 놔!

목표: 오프닝이나 강의, 모임의 중간에 분위기 반전과 집중을 위해 사용할 수 있습니다.

인원: 2인 1조로 짝을 지어 진행합니다.

준비물: 작은 소지품이나 볼펜

진행 방법

1. 1단계 - 서로 마주 보고 앉아서 가운데에 임의에 물건을 두고 진행자의 집어!라는 명령에는 물건을 빨리 집고, 놔!라는 명령에는 물건을 잡지 않습니다. [익숙해지도록 3회 정도 실행]
2. 2단계 - 집어! 놔!라는 명령에 반대로 행동합니다. 놔!라는 명령에 물건을 집어야 합니다. [3회 정도 실행]
3. 3단계 - 참가자는 등을 맞대고 서서 반보씩 앞으로 갑니다. 둘씩 짝

지은 참가자 사이의 땅바닥에 쉽게 잡을 수 있는 물건을 놓습니다. 진행자가 '하나, 둘'을 세고 '셋'에 방향을 말합니다.

4. "하나, 둘, 오른쪽!!!" 하고 외치면 참가자들은 몸을 오른쪽으로 돌려 물건을 잡습니다.
5. 이와 같은 방법으로 세 번 먼저 물건을 잡는 참가자가 승리합니다.
6. 게임 진행자는 방향 지시를 "가운데!"라고 할 수도 있습니다.

참가자들은 허리를 숙여서 다리 사이로 물건을 잡아야 하는데, 무슨 말인지 몰라 멍하니 서 있거나 서로 허리를 숙여 물건을 집으려다 엉덩이가 부딪혀 재미있는 상황이 연출되기도 합니다.

가위바위보 게임

합산 가위바위보

서로 가위바위보를 해서 결과에 관계없이 펴진 손가락의 합을 먼저 말하는 사람이 이깁니다.

가위는 펴진 손가락이 두 개이므로 '2', 바위는 없으므로 '0', 보는 모두 펴져 있으므로 '5'라고 설명을 하고 두 사람이 가위바위보를 해서 나온 결과를 먼저 말하는 것입니다. 발산과 집중력, 순발력에 효과가 있습니다. 심리전이 작용하면 더 재미있는 게임이 됩니다.

재치 있는 사람들은 자신이 낼 숫자를 먼저 계산하고 가위바위보를 시작해 상대를 압도합니다.

가위바위보, 쪼그라져!

강의를 듣느라 오랫동안 앉아 있던 상황에서 모두 일어나라고 한 뒤, 둘씩 짝을 지어 가위바위보를 하게 합니다. 이긴 사람이 진 사람을 향해 손가락으로 "쪼그라져!"라고 명령할 수 있습니다.

진 사람은 무릎을 이용해 눈에 보일 만큼 조금 주저앉습니다. 이렇게 서로 가위바위보를 계속하면서 진 사람이 계속 조금씩 쪼그라져가다 보면 나중에는 완전히 주저앉는 사람이 생깁니다. 물론 덜 쪼그라져 앉은 사람이 승리하는 게임입니다. 짧은 시간에 모두가 일어나서 움직일 수 있고, 주저앉으면서 스트레칭과 발산까지 할 수 있는 활동입니다. 가위바위보 게임은 가장 쉬우면서 요령이 필요한 게임으로 짧은 시간에 활용할 수 있는 게임입니다.

가위바위보, 손등 때리기

레크리에이션에서 너무나 고전적인 커플 게임이지만, 여전히 상호작용을 하게 해주고 짧은 시간에 서로의 관계를 강화시켜주는 훌륭한 스팟 게임입니다.

방법 1: 파트너와 왼손을 악수하듯 잡습니다. 가위바위보로 이긴 사람이 진 사람의 손등을 때립니다. 이때 진 사람은 파트너가 때리지 못하도록 손바닥으로 막을 수 있습니다. 비기면 다시 가위바위보를 합니다.

방법 2: 파트너와 왼손을 악수하듯 잡고 가위바위보를 하는데 이긴 사람이 진 사람의 손등을 때립니다.
  ① 이긴 사람이 손등을 때릴 때 진 사람은 자신의 손등을 막을 수 없고 맞아야 합니다.
  ② 비겼을 때는 두 사람이 동시에 서로의 손등을 때립니다.
  ③ 점점 게임이 적극적이고 공격적이 되어 분위기가 한순간

에 반전됩니다.

> **Tip** 단순하게 손등을 때리는 게임만이 아니라 사랑하는 파트너를 위해 손등(손등은 우리의 어깨와 등에 해당한다고 설명해준다)을 두드려주는 것이라고 설명해주며 누가 손등을 세게 때려 가장 빨갛게 안마를 해주었는지 찾아보자고 진행 멘트를 합니다.

케이크 자르기

    강의나 모임 시간 중에 생일을 맞은 사람이나 축하할 일을 소개한 뒤 노래를 하고 즉석에서 케이크로 게임을 해봅시다.

    케이크의 중앙에 사탕이나 초콜릿을 얹어 놓습니다. 참가자들은 둘러서서 모양이나 크기에 관계없이 칼이나 손가락으로 케이크를 잘라 먹습니다. 원을 따라서 칼을 넘겨주고 케이크를 자르면 자를수록 다음 사람들이 꼭대기의 사탕 초콜릿에 가까워집니다. 케이크를 자르다가 사탕 초콜릿을 떨어뜨리는 사람은 손을 사용하지 않고 입으로 그것을 주워 먹어야 합니다.

    간식 제공과 게임을 동시에 스팟으로 하며 교제권을 형성할 수 있어 좋습니다.

박수 게임 모음

목표: 여러 가지 형태로 박수를 유도해 강의장 분위기를 활기차게 합니다. 박수를 활용해 서로를 응원하고 지지하는 스팟팅으로 짧은 시간에 참가자를 집중하게 하는 효과가 있습니다.

1. **계단 박수:** 계단을 오르내리듯 치는 박수로 집중력을 요하며 강사에게로 관심을 모으는 효과가 있습니다.
   - 1계단: 1
   - 2계단: 1, 2
   - 3계단: 1, 2, 3
   - 4계단: 1, 2, 3, 4
   - 5계단: 1, 2, 3, 4, 5

2. **열 내기 박수**
   - 가장 세게 박수를 치도록 유도합니다.

- 10-5-3-2-1회씩 치면서 내려갑니다.
- 중간중간 계속 손을 비벼서 손바닥에 열이 나게 합니다.
- 마지막 한 번을 친 뒤 손바닥을 어깨, 눈, 목덜미 등 피곤한 부위에 갖다 댑니다.

> **Tip** 손바닥을 비벼 열을 낸 뒤 10초 동안 얼마나 많은 박수를 칠 수 있는지 도전해봅시다.

3. **건강 박수:** 일명 건강 박수라고 하며, 사람의 손과 신체 부위를 연결해 설명하면서 박수를 유도합니다.
   - 양 손가락 끝으로만 박수: 머리를 맑게 해주는 박수, 두통을 해소해주는 손끝 지압 박수
   - 주먹 쥐고 손가락뼈를 부딪치면서 박수: 신경계통을 튼튼하게 해주는 박수, 어깨를 풀어주는 박수
   - 손목을 부딪치면서 박수: 신장 부분을 자극해 호르몬 분비를 왕성하게 하는 건강 박수
   - 장 기관을 튼튼하게 해주는 전신 건강 박수
   - 손등으로 박수: 등, 허리, 어깨를 풀어주는 박수

4. **빼기 박수**
   - 진행자가 주문하는 박수 숫자에서 한 번을 빼고 박수를 치도록 합니다.
   - 박수 다섯, 넷, 셋, 두 번을 주문한 뒤 "박수 한 번 시작"했을 때 박수를 치면 안 됩니다.

- 주의 집중을 위해서 일반적으로 박수 세 번 시작~, 박수 다섯 번 시작~ 하며 참가자들의 주의를 끄는 것을 넘어 빼기 박수는 빠른 시간에 사람들의 주의를 집중시키는 효과가 있습니다.

5. **337 박수:** 응원할 때, 빠지지 않고 등장하는 박수가 337 박수입니다. 이 337 박수를 가지고 팀별로 다양한 퍼포먼스를 만들어 팀 에너지를 발산하게 하고, 팀의 치어리더와 팀원들의 창의적인 아이디어와 재미있는 응원 박수 게임을 완성해 시너지를 만들어내게 합니다.

진행 방법

1. 먼저 각 팀별로 남, 여 리더를 뽑습니다. 이 리더를 우리는 치어리더라고 부릅니다.
2. 전체 팀들이 진행자와 함께 337 박수를 먼저 따라 해봅니다. "짝짝짝, 짝짝짝, 짝짝짝짝짝짝짝, 우~ 야!"
3. 다같이 337 박수를 보통 속도로, 빠르게, 아주 빠르게 한 번씩 칩니다. 이것만으로도 감정에 변화가 옵니다.
4. 각 팀의 치어리더들을 원 가운데에 세우고, 재미있고 현란한 율동에 맞추어 팀원들은 박수를 칩니다.
5. 337 박수 끝에 있는 우~~~~~ 부분에서는 팀원들이 만든 창의적인 아이디어를 단합해 표현하고, 마지막 "야!"에서는 팀의 에너지를 하나로 모아 발산하는 엔딩 퍼포먼스를 취합니다.
6. 연습 시간을 갖고, 잘 준비된 팀부터 한 팀씩 진행합니다. 이때 다른 팀들이 연습을 하지 않도록 합니다.
7. 재미있는 상황을 연출하는 서비스로 전체 참가자가 웃음 속으로 빠

져들게 됩니다.

6. 자부심 박수

박수는 모든 게임의 기본입니다. 박수는 짧은 시간에 쉽게 참가자들을 프로그램에 집중하게 하는 효과가 있습니다.

진행자의 말에 해당하는 사람만 박수를 세 번 치라고 말합니다.

"나는 얼굴이 잘생겼어, 얼짱이야, 또는 몸짱이야!"
이런 사람만 박수 세 번 시작~

"나는 얼굴보다 마음이 예뻐, 마음 짱이야!"
이런 사람만 박수 세 번 시작~

"나는 얼굴과 마음이 최소한 옆 사람보다 낫다!"
이런 사람만 박수 세 번 시작~

진행자는 참가자들의 조직 문화에 맞는 내용을 토대로 다양한 참가자들이 박수를 칠 수 있도록 유도합니다. 긍정적으로 칭찬하고 인정해주는 진행으로 자부심을 높여주고, 지지해주도록 합시다.

주먹 탑 쌓기

두 사람씩 짝을 이루어 마주 보고 앉습니다. 서로 한 번씩 주먹을 내어 4층 주먹 탑을 쌓습니다. **방법은 두 가지**로 운영할 수 있습니다.

첫 번째 방법은, 진행자가 "하나, 둘, 셋, 넷"이라는 구령을 붙여서 진행하는데, 하나에는 1층, 둘에는 2층, 셋에는 3층에 주먹을 올려 계속 탑을 쌓아나갑니다. 반복해서 몇 차례 진행합니다. 그러다가 "넷"이라고 명령하면, 제일 밑에 있던 주먹을 빼서 주먹 탑을 내리쳐야 합니다.

두 번째 방법은, 4층 주먹 탑을 쌓은 상태에서 "위로", "아래로!"라는 진행자의 구령에 따라 맨 아래 있는 주먹을 제일 위로 올리고, 제일 위에 있는 주먹을 맨 아래로 내립니다. 이렇게 몇 번 반복하다가, 진행자가 "꽝!" 하고 명령하면 맨 아래 있는 두 사람의 주먹들을 빼서 주먹 탑을 향해 세게 내리칩니다.

> **Tip** 모든 게임이 그렇듯이 실제 실행해보기 전에는 게임이 잘 이해되지 않습니다. 한번 실행해보세요, 어떤 상황이 벌어지는지. 보통은 자신이 자기 손을 치는 경우가 많습니다.

유머 스팟
Humor Spot

강의나 모임을 진행하는 중에 유머와 농담이 주는 효과에 대해서 경험한 적이 있을 것입니다. 간단한 유머와 위트가 주는 웃음은 순간적으로 분위기를 반전시킵니다. 유머는 결코 타고난 재능의 문제가 아닙니다. 유머의 끼와 감각은 타고난 사람만 활용할 수 있는 것이 아니라 **솔직하고 따뜻한 마음만 있으면 누구라도 미소 짓게 할 수 있는 기술**입니다.

강의를 하다 보면, '웃음의 속도가 생각 마음의 속도다!'라는 생각을 하게 됩니다. 왜 강의 중에 웃음 전략이 중요할까요? '웃음'은 관계의 척도이기 때문입니다. 관계란 학습자와 강사와의 관계를 말하며, 참가자들끼리의 사랑의 관계를 말합니다. 이것은 얼마나 잘 웃느냐에 달려 있습니다. 그래서 웃음은 참석자들의 생각을 움직이고, 지금 여기에 집중하게 하는 좋은 시작이 됩니다.

데일 카네기의 웃음 예찬을 들어봅시다.

웃음 예찬

웃음은 별로 소비되는 것은 없으나 건설하는 것은 많으며,

주는 사람에게는 해롭지 않으나 받는 사람에게는 넘치고,

짧은 생으로부터 생겨나서 그 기억은 길이 남으며,

웃음이 없이 참으로 부자 된 사람은 없고,

웃음을 가지고 정말 가난한 사람도 없다.

웃음은 가정에 행복을 더하며,

사업에 활력을 불어넣어주며,

친구 사이를 더욱 가깝게 하고,

피곤한 자에게 휴식이 되며,

실망한 자에게는 소망이 되고,

우는 자에겐 위로가 되고,

인간의 모든 독을 제거하는 해독제다.

그런데 웃음은 살 수도 없고 빌릴 수도 없고, 도둑질할 수도 없는 것이다.

유머 스팟을 위한 체크리스트

다음 20개 문항을 솔직하고 따뜻한 마음으로 생각하며 읽어보고 자문자답해보자.

1. 나는 진정으로 내가 원하는 것이 무엇인지 압니다. ^{Desire}
2. 나는 내가 가장 잘하는 일에서 매일매일 기회를 얻고 있습니다. ^{Opportunity}
3. 나는 내가 가장 소중하고 가치 있게 생각하는 것이 무엇인지 압니다. ^{Value}

4. 나는 내가 정말 좋습니다. 그리고 나는 나를 사랑합니다. Self-help

5. 나는 시간 관리 전략을 가지고 시간을 효과적으로 활용하고 있습니다. Time Power

6. 나는 나의 스트레스를 다루는 방법을 알고 있습니다. Stress

7. 나는 생각만 해도 나를 흐뭇하게 만드는 친구나 동료가 있습니다. Friendship

8. 나는 항상 행복하다고 외칩니다. Happy

9. 나는 모든 사람의 차이^{다름}를 인정하고 긍정적인 태도를 취합니다. Attitude

10. 나는 창의적으로 생각하고 창의적인 행동을 합니다. Creativity

11. 나는 모든 것에 자신감이 넘치는 사람입니다. Confidence

12. 나는 웃음으로 시작하고 웃음으로 하루를 마무리합니다. Smile

13. 나는 함께 있는 사람들을 기쁘고 즐겁게 하는 유머 바이러스입니다. Humor

14. 나는 항상 가족들과 함께 식사하고 대화를 나누며 즐거운 시간을 갖습니다. Family

15. 나는 내 이름 석 자로 나의 브랜드를 만들어나가고 있습니다. Branding

16. 나는 걱정하는 대신 적극적으로 행동하고 노력합니다. Worry

17. 나는 언제나 나를 웃게 하는 확실한 목표와 꿈이 있습니다. Goals & Dream

18. 나는 마음의 평화를 해치는 일은 절대 하지 않습니다. Peace of mind

19. 나는 내가 누구인지 잘 알고 이해하고 있습니다.

20. 나는 일찍 자고, 일찍 일어납니다.

<u>스스로 "나는……"에 대한 답을 했을 때</u> 당신은 어떤 느낌이 들었습니까? 자신감이 넘쳐나 얼굴에 웃음꽃이 가득 피어났습니까? 그렇지 않았다 하더라도 이러한 내용에 대해 한 번이라도 진지하게 생각해보는 시간이 되었다면 짧지만 의미 있는 시간이었을 것입니다. 이 20가지의 문항을 실행하고 만들어나가다 보면 내면에서 솟아나는 진정한 미소와 웃음을 짓게 될 것입니다.

당신이 속한 조직에서 웃음소리와 농담, 위트, 유머는 아래에서 위로 흐르는가?

아니면 위에서 아래로만 흐릅니까? 모임의 분위기나 조직의 분위기가 긍정적이고 자부심이 높아서 팀의 결속력이 강한 사람들인지 아닌지를 알아보려면 유머나 웃음소리가 어떻게 상호작용이 되는지를 보면 압니다. 상황에 맞는 재치와 농담, 상황을 뒤집는 유머들이 상호 교류되는 모임이나 회의에 참여하는 것은 큰 즐거움입니다. 여기에 가장 필요한 것이 유머 감각입니다. 평범한 어린이들은 보통 하루에 300~500번 웃지만, 어른들은 7~15번밖에 웃지 않는다고 합니다. 이 수치에 대해 당신은 동의합니까? 한번 곰곰이 생각해봅시다. 당신은 하루에 얼마나 웃습니까?

여기서 말하는 유머 감각은 유머에 대한 계획을 가지고 어디서 누구에게 언제 어떤 상황에서 사용하겠다는 용기를 갖는 것을 말합니다. 어디서 듣거나 읽었던 재미있는 유머 내용을 적절하게 사용하는 것도 용기입니다. 생활 속에서 한 번도 유머나 농담을 사용하지 않는 사람은 없을 것입니다.

○○○시리즈, 난센스 퀴즈, 삼행시, 친구나 가족에게 재미있는 만화나 이미지를 카톡이나 팩스 그리고 메일로 퍼 나르기, 재미있는 이야기하

기, 짓궂은 장난하기, 엉뚱하고 우스꽝스러운 표정 짓기 등 어느 것 하나라도 사용해본 적이 있을 것입니다. 이런 유머 감각을 잃지 않기 위해 노력하고 그런 분위기를 지지해주는 용기를 발휘하기 바랍니다.

유머 스팟은 수강생들 분위기에 따라서 잘 사용해야 한다

분위기 조성이 되지 않은 상황에서 강사나 진행자가 유머 스팟팅을 할 경우 놀리는 듯한 인상을 주거나 필요 이상으로 오버하는 것으로 보일 수도 있습니다. 관계가 형성되어 학습자 상호간에 또는 학습자와 강사 사이에 마음이 열리고 대화가 오간 뒤에 유머 스팟은 자연스러운 웃음을 만들어냅니다.

교육이나 학습 중에 사용하는 유머 스팟은 분위기를 조성하는 데 효과적인 방법임에 틀림없습니다. 그러나 다른 많은 스팟 기법 중 유머 스팟은 활용하기가 어렵고, 최근의 새로운 자료를 많이 준비해야 하는 분야이기도 합니다. 물론 진행자나 강사 개인의 유머와 웃음에 대한 감각도 중요합니다. 최근 유머와 웃음에 대한 책과 사이트가 많이 소개되고 있습니다. 잘 선별해 자료화할 수 있을 것입니다.

유머는 유효기간이 지나지 않은 신선한 내용일 때 그 진가를 발휘한다는 것을 기억하세요.

건강한 웃음과 자신감을 주는
자부심 박수

목적: 먼저 순서대로 치는 계단 박수를 배워봅시다. 박수와 웃음은 건강을 만드는 최고의 콤비입니다.

진행 방법

1. 주어진 여덟 글자를 외치며 박수를 칩니다. 다음 표에 * 표시한 곳에서는 박수를 칩니다.
2. 나는 내가 정말 좋다! / 나는 항상 행복하다! / 나는 내가 맘에 들어!

> 나*는*내*가*정*말*좋*다*
> 나는**내가**정말**좋다**
> 나는내가**** 정말좋다****
> 나는내가정말좋다********

강의 중에 분위기를 전환하거나, 강의를 효과적으로 종료하고 싶다면 이 자부심 박수를 활용해보세요. 혼자 있을 때 박수를 치며 진행해도 좋고, 소그룹에서 동료들과 함께 진행해도 힘차고 즐겁습니다.

긍정적인 내용들이 액션과 함께 무의식중에 습득되어 아침조회나 강의 모임을 밝게 시작할 수 있습니다.

이 자부심 박수는 리더십 강의를 할 때, 브라이언 트레이시의 I like myself^{나는 내가 좋다}를 가지고 세미나 참석자들에게 활용하면서 만들어진 스팟팅으로 모두를 참여시키며 자부심을 심어주는 퍼포먼스입니다.

한비야의 《그건 사랑이었네》라는 책의 첫 장 제목은 '난 내가 맘에 들어'입니다. 비야라는 이름에는 한 씨가 딱이라며 자신의 한비야라는 이름이 맘에 들고, 58년 개띠인 것이 맘에 들고, 딸 셋 중에 평범한 셋째인 게 맘에 들고, 대한민국 사람인 게 맘에 들고, 긴급재난구호 팀장인 게 맘에 들고……. 자신의 모든 것이 맘에 든다고, 대단한 자긍심을 갖고 자부심 넘치게 이야기를 합니다.

만약 자신이 한 씨가 아니고 변 씨나, 나 씨였다면 사람들이 자기 이름을 가지고 얼마나 놀렸겠느냐며 재치 있게 웃음을 줍니다. 한비야 씨가 말하는 "나는 내가 맘에 들어!"를 가지고 자신의 자존감을 높이는 자부심 박수를 쳐봅시다. 파트너와 함께 "나는 네가 맘에 들어!"라고 서로의 자부심을 높여주는 매력적인 박수를 치며 웃어봅시다.

> 나*는*네*가*맘*에*들*어*
> 나는**네가**맘에**들어**

> 나는네가****맘에들어****
> 나는네가맘에들어********

조직이나 공동체마다 가지고 있는 구호나 긍정적인 내용으로 자부심 박수를 쳐봅시다. 훨씬 효과적일 것입니다.

스토리
유머

어느 가정에 말귀가 어두운 아내가 있었습니다. 다른 사람들과 있을 때는 좀 괜찮은 편인데 남편과 대화를 나눌 때는 말귀를 더 못 알아듣는 것이었습니다. 남편은 걱정 반, 애정 반의 심정으로 퇴근 후 병원에 들러 의사에게 아내의 이런 상황을 설명하면서 치료가 가능하겠느냐고 물었습니다. 의사의 진단은 '당신 아내가 어느 정도의 거리에서 못 듣고 귀가 어두운지' 정확히 알아오라는 것이었습니다.

그날 저녁 남편은 현관을 들어서면서부터 아내가 어느 정도인지 반응을 살펴보았습니다.

10m 지점에서 "여보, 오늘 저녁 메뉴가 뭐지", 전혀 반응이 없습니다. 5m 지점에서 "여보, 오늘 저녁 메뉴가 뭐야", 역시나 못 알아듣고 대답이 없습니다. 3m 지점에서 "여보, 오늘 저녁 메뉴가 뭐냐니까", 계속해서 반응이 없자 남편은 아내의 바로 뒤에서 "여보, 오늘 저녁 메뉴가……" 이렇게 네 번째 물어보려는데 아내가 남편을 향해 휙 돌아서며 화를 내며 소리쳤습니다.

"된장찌개에 제육볶음이라고 내가 세 번이나 얘기했지? 왜 이렇게 말귀를 못 알아듣는 거야, 도대체!"

경청의 기술이 필요합니다. 누가 못 알아듣고 있는 걸까요?

웃음 스팟
1, 2, 3 법칙

한국웃음연구소에서 진행하는 2박 3일 웃음치료사 전문가 과정에서 웃음에 대해 많은 것을 배웠습니다. 그중에서 실제 생활 속에서 그리고 강의와 여러 모임 중에 바로 사용이 가능한 것 세 가지를 뽑아보았습니다. 첫 번째가 15초 웃음, 두 번째가 스마일 버튼, 세 번째가 스마일 라인입니다. 웃음 스팟 1, 2, 3 법칙을 통해 그냥 한번 웃어버리는 것을 넘어 사람들의 생각, 행동, 습관, 성격, 삶을 바꾸는 이너게임 Inner game, 자신과의 게임에서 승리하는 원칙을 찾아봅시다.

15초 웃음
하, 하하, 하하하, 하하하하, 하하하하하…

언제든지 15초 이상 자신 있게 웃을 수 있습니까? 15초가 이렇게 길었나 싶을 만큼 쉽지가 않습니다.

15초 웃기를 지금 시도해보세요. 실제로 경험해보면 느낌이 다릅니다. 늘 언제나 웃는다는 것이 얼마나 어려운가요? 영혼의 웃음이라고 하지 않습니까? 그래서 웃음을 근육화해야 합니다. 그냥 웃는 웃음은 내 것이 아닙니다. 그러면 왜, 15초 웃음일까요? 웃는 얼굴을 효과적으로 개선하기 위해서는 내쉬는 호흡, 즉 날숨을 이용해야 합니다. 우리는 보통 웃을 때 날숨을 내쉬게 되는데, 날숨은 우리 몸 안의 독소와 스트레스를 해소하는 역할을 합니다. 숨을 들이마시거나 숨을 멈추고 있을 때 미소 지으면 어딘지 표정이 어색해집니다. 그래서 15초 웃음을 웃자는 것인데 보통 웃음은 단발로 끝나거나 잔잔하게 미소 짓는 것으로 짧게 끝나고 맙니다. 10초 이상 웃을 때 웃음의 효과가 극대화되어 엔도르핀의 분비가 최대로 활성화됩니다. 웃음을 연습하고 반복해서 나의 행복한 웃음으로 만드는 방법이 15초 웃음입니다.

아침에 일어나자마자 "하~" 하고 첫 웃음을 웃으며 시작해보세요. 저는 샤워를 하면서 15초 웃음을 시작합니다. 차를 타고 강의장으로 가면서 15초 웃음을 연습합니다. 크게 소리 내어 15초 웃음을 웃을 때도 있고, 얼굴에 미소를 띠며 속으로 15초 웃음을 지을 때도 있습니다. 그러면서 발견한 것 하나가 세상에서 가장 짧은 긍정문이 바로 이 "하~"라는 사실입니다. 저는 아침에 일어나 하루 생활을 시작하면서 긍정문을 외칩니다. 그리고 하루를 보낸 순간순간 긍정문으로 삶을 이어갑니다.

"나는 내가 좋다. 나는 행복하다. 세렌디피티!$^{Serendipity!}$, 나는 건강하다. 나는 책을 읽는다. 나는 일찍 자고 일찍 일어난다. 나는 최고다. 나는 달린다. 나는 리더다. 그래 이건 내 책임이야. 나는 활력이 넘친다. 모든 게 잘될 거야, 나는 ○○이다."

이런 긍정문으로 우리는 우리 안의 잠자는 거인인 잠재의식을 성공적인 프로그램으로서 시스템화할 수 있습니다. 긍정문이란 강하고 긍정적인 진술입니다. 나에 대한 얘기를 스스로에게 말함으로써 스스로 믿게 만들고 이루어가는 것입니다. 그래서 저는 간절히 원하는 목표를 모두 긍정문으로 만들어서 순간순간 반복하는데, 이 15초 웃음은 하루를 시작하면서 빠지지 않는 긍정문이 되었습니다. 여러분도 지금 당장 시작해보세요. 행복이 솟아오르고, 자신감이 생기며, 무슨 일이든 가능하게 하는 에너지가 솟아오르는 걸 느낄 것입니다.

스마일 버튼
Smile Button

엘리베이터를 타면 비상 버튼Emergency Button이 있습니다. 위급할 때, 비상 버튼을 누르면 도움을 받을 수 있습니다. 브라이언 트레이시의 〈판매의 원리〉라는 세일즈 세미나에서 배운 것인데 접점에서 고객을 만났을 때, 그 고객의 핫 버튼Hot Button을 제대로 눌러야 제품을 구입하게 만들 수 있다는 것입니다. 물론 모든 사람에게는 그 사람을 움직이게 하는 핫 버튼이 있습니다. 집에 들어가 전원 스위치를 켜면 불이 들어오듯이, 우리 영혼의 집에도 웃음을 부르는 스마일 버튼이 있습니다.

진행 방법

1. '스마일 스티커'를 참석한 사람들에게 3~5장 나누어주고 지금부터 이 스티커를 '스마일 버튼'이라고 부르기로 서로 약속합니다.
2. 각자 스마일 버튼을 어디에 붙일 것인지 생각하고, 이 버튼을 누르면 15초 웃음을 기본으로 함박웃음을 짓거나 파안대소해야 하고, 아랫배에 힘을 주고 온몸으로 웃어야 한다고 원칙을 설명합니다.

3. 스티커를 얼굴, 팔, 배, 등, 이름표 등 자신이 붙이고 싶은 곳에 마음대로 붙입니다. 그리고 서로의 스마일 버튼을 누르며 함께 웃기도 하고, 심심할 때는 스스로 자신의 스마일 버튼을 누르고 신나게 웃어 보는 것도 좋습니다.
4. 교육 기간 내내 서로의 스마일 버튼을 누르며 함께 웃는 시간을 계획해봅시다.

Tip 문구점에서 파는 스마일 스티커를 구입해서 활용할 수 있습니다. 자신의 휴대전화 뒤나, 플래너에 스마일 버튼을 붙여 놓고 기분이 가라앉을 때 스마일 버튼을 눌러 자신의 웃음 근육을 강화시켜나가는 것도 좋은 방법입니다. 스마일 버튼을 웃음을 불러일으키는 스팟 도구로 활용해 웃음을 통해 행복과 행운을 불러들이기를 바랍니다.

스마일 라인
Smile Line

포토 라인은 사진을 찍으라고 포즈를 취하는 선이고, 스마일 라인은 웃으라고 만든 선입니다. 이미 스마일 라인은 TV를 통해 몇 차례 소개가 되어 가정에서도 회사에서도 활용하고 있습니다.

진행 방법

1. 기자들이 유명인의 사진을 찍을 때 포토 라인을 설치하는 것처럼 모임교육 장소 안에 스마일 라인을 만듭니다.
2. 스마일이 표시된 스마일 테이프를 사람들이 많이 왕래하는 곳 바닥에 붙여 놓습니다. 투명 테이프를 설치한 뒤 그 위에 매직으로 스마일을 그려도 좋습니다.
3. 스마일 라인을 지나갈 때는 박장대소하며 스마일 라인을 넘어가야 합니다. 소리 내어 웃는 것이 중요합니다.
4. 웃지 않고 무표정하게 스마일 라인을 넘어가면 벌금 또는 벌칙을 부여한다고 규칙을 정하면 스마일 라인이 재미있게 정착될 것입니다.

Tip 2박 3일간의 웃음치료 전문가 과정에서는 벌금을 1,000원씩 걷어 마지막 날 웃음 퀸, 웃음 킹에게 몰아서 상금으로 주었습니다. 스마일 라인의 의미는 '웃음의 주인이 결국은 나 자신이라는 것을 확인하는 것'입니다. 그래서 스마일 라인은 참가자들이 많이 왕래하는 출입구, 화장실 입구, 식당 입구에 설치합니다. 여기저기서 웃음소리가 끊이지 않고 흘러나올 것입니다.

싱얼롱 스팟
Sing along Spot

사람의 마음을 여는 '미끼' 또는 '기억의 단초'로는 단연 노래가 최고입니다. 그래서 싱얼롱 스팟은 자연스럽게 사람들의 마음을 열게 하는 효과가 있습니다.

노래는 만국의 공통 언어입니다.

노래의 어원은 '놀다'라는 동사의 어간 '놀'에 명사형 접미사 '애'가 붙은 것입니다. 즐거움이 넘치는 노래, 불러보고 싶었던 노래를 전혀 생각하지 못했던 장소에서 불러보는 것은 또 하나의 신나는 놀이입니다.

노래는 밝고 기쁨이 넘치는 분위기를 만들어냅니다.

노래를 부르면서 자신의 마음을 열고 다른 참가자들의 얼굴을 볼 수 있는 짧은 순간들과, 건전하고 의미 있는 노랫말과 경쾌한 멜로디는 현재 시간에 집중하게 하는 힘이 있습니다.

모임을 시작하기 전이나 사람들이 지루해할 즈음에 모두 함께 부를 노래를 준비해보세요.

메시지가 있는 노래부터, 그냥 밝고 즐거운 노래, 의미 있는 노래, 열정을 불러일으키는 노래 등, 모임의 목적이나 상황에 어울리는 노래 하나가 전체 분위기를 반전시키고 그 모임을 오래오래 기억하게 하는 단초로 작용할 것입니다.

　노래를 싫어하는 사람은 없습니다. 노래가 미치는 영향^{암시 효과}은 대단한 것입니다.

싱얼롱 스팟
Sing along Spot

"음악은 기억 창고로 가는 고속도로다."

– 테리 웹과 더글라스 웹

노래를 선택하는 데는 강사나 진행자의 의도가 중요합니다. 그러나 편향된 선택보다는 참가자들의 코드와 맞는 선택과 방법으로 싱얼롱 스팟을 사용하는 것이 효과적입니다.

1. A4 용지에 가사를 복사해서 나누어주고, 보면서 함께 노래할 수 있습니다.
2. 가사를 화면에 띄워 음악에 맞추어 함께 노래를 부르는 방법도 있습니다.
3. 피아노나 기타 등 악기가 있다면 훨씬 실제적이고 좋은 시간이 될 수 있을 것입니다.

당신은 참가한 사람들과 함께 노래를 부르며 모임을 시작한 적이 있습니까? 어떤 노래들인가요? 가요, 가곡, 올드 팝, 물론 동요도 좋고, MP3나 요즈음은 뮤직비디오와 DVD도 좋은 것이 많이 보면서 함께 노래를 부르는 것도 좋습니다. 교육 내용과 관련해 '노래 가사' 중 한 문장을 가지고 전체의 흐름을 살리는 오프닝 멘트나 클로징 멘트를 해도 좋습니다. 참가자들의 기억을 되살리고 마음을 열어 즐겁게 해주는 노래로 어떤 것이 있을까요?

- 가곡: 10월의 어느 멋진 날에, 에델바이스, 저 구름 흘러가는 곳, 향수
- 뮤지컬: 나는 나만의 것 [김선영], I Dreamed a Dream
- 가요: 작은 연못, 아침이슬, 내 나이 마흔 살에는 [양희은], 거꾸로 강을 거슬러 오르는 연어들처럼 / 넌 할 수 있어 [강산에], 우리의 사랑이 필요 한 거죠 [변진섭], 사랑합니다 [쿨], 마법의 성 [더 클래식]
- 가스펠: 당신은 사랑받기 위해 태어난 사람
- 동요: 곰 세 마리, 올챙이 송, 등대지기
- 애니메이션 주제곡: 개구리 왕눈이
- 팝송: What a wonderful world [루이 암스트롱], My way [프랭크 시나트라], I have a dream [아바], Any dream will do [앤드류 로이드 웨버]

비디오와 DVD 음악 자료로 경쾌한 싱얼롱 스팟을 제공하세요.

- 본드 [Bond] DVD / 안드레아 보첼리 [Andrea Bocelli] DVD / 오자와 세이지 [Ozawa Seiji] DVD / 사계 DVD / 앙드레 류 DVD

- 나는 가수다 / 오페라스타 / 불후의 명곡 2 / K팝스타 / 슈퍼스타 K / 보이스코리아

사용해보지 않은 자료가 있다면 찾아서 시도하는 것도 좋은 싱얼롱 스팟이 됩니다.

"학습자들의 몸과 두뇌를 조화롭게 하여 뛰어난 기억력을 갖게 하는 최적의 학습환경을 만드는 열쇠는 고전음악이다."

− 라조노프, 가속 학습법의 창시자

Don't Worry!
Be Happy!

목적: 휘파람 전주가 기분 좋은 보비 맥페린 Bobby Mcferrin 의 'Don't worry be happy'를 함께 불러봅시다. MP3 파일로 음악을 들려주며 강의 중 잠깐 쉬는 시간에 모두가 휘파람을 불어보게 합시다. 그러면 강의가 끝난 뒤나 쉬는 시간에 모두들 휘파람을 불거나 "돈 워리, 비 해피"를 중얼거립니다. 듣는 음악과 다르게 자신들이 직접 불러본 노래나 내용은 무의식적인 반응을 보이게 하는 효과가 있습니다.

Heres a little song I wrote.
여기 내가 쓴 노래가 한 곡 있어.
You might want to sing it
당신은 노랫가락 하나하나를
note for note.
부르고 싶어 할지도 모르겠어.
Don't worry, be happy.
걱정하지 마, 기쁘게 살아야지.
In every life we have some trouble.
하루하루 살다 보면 문제가 있기 마련이야.

But when you worry,
그럴 때 걱정하면
you make it double.
문제가 더 커질 뿐이야.
Don't worry, be happy.
걱정하지 말고
Don't worry, be happy now.
기쁘게 살아야지.
Don't worry, be happy.
걱정하지 말고 즐거워해.
Ain't got no place to lay your head.
머리를 기댈 곳이 아무 데도 없고
Somebody came and took your bed
누군가가 잠자리를 앗아간다고 해도
Don't worry, be happy.
걱정하지 마, 기쁘게 살아야지.
The landlord say your rent is late,
월세가 밀렸다고 집주인이 안달을 해도
He may have to litigate.
소송을 걸지 않으면 아무 소용없어.
Don't worry, be happy.
그러니 걱정하지 말고 기쁘게 살라고
Look at me. I'm happy.
날 봐. 난 행복하잖아.
Don't worry, be happy.
근심을 털어버리고 즐거워해.
Here I give you my phone number.
내 전화번호 알려줄 테니까
When you worry, call me,
고민 있으면 전화하라고
I make you happy.
널 행복하게 해줄게.
Don't worry, be happy.
걱정하지 말고 즐겁게 살아.

Ain't got no cash,
돈도 없고,
ain't got no style
스타일도 구겨지고
Ain't got no gal to make you smile
널 즐겁게 해줄 여자친구가 없어도
Don't worry, be happy.
걱정하지 말고 좋게 생각해.
Cause when you worry,
근심이 있으면
your face will frown.
얼굴을 찌푸리게 되잖아.
And that will bring everybody down.
그러면 사람들도 같이 실망할 거야.
Don't worry, be happy.
걱정하지 말고, 즐거워해.
Don't worry, don't worry,
근심은 떨쳐버려
don't do it.
그러지 말라니까.
Be happy.
즐겁게 살아야지.
Put a smile on your face
얼굴에 미소를 띠어 봐.
Don't bring everybody down.
사람들을 실망시키지 마.
Don't worry.
걱정하지 마.
It will soon pass, whatever it is.
그게 뭐든지 간에, 곧 해결될 거야.
Don't worry, be happy.
걱정하지 말고 즐겁게 살아.
I'm not worried, I'm happy.
난 걱정 같은 건 안 해, 난 행복하잖아.

진행 방법

　노트북으로 MP3 음악을 들려주며 노래를 들어보고, 휘파람 전주를 따라 불러봅니다. 가사는 파워포인트로 만들어서 함께 따라 부를 수도 있고, 악보를 나누어주어 가사 내용을 생각하며 부르는 시간을 가져도 좋습니다.

　엄지와 중지를 부딪쳐 소리를 내며, 계속 반복되는 "Don't worry, be happy"를 따라 부릅니다. 긍정적인 생각과 행동으로 자신에게 말하기도 하고, 함께 노래하는 주위 참가자들에게 위로와 격려를 해주고 자신감을 가질 수 있도록 하는 시간을 만드세요!

카툰 스팟
그림 · 이미지 스팟

우리는 언어보다는 그림으로 더 잘 배웁니다. 당신의 강의 내용을 시각화하세요. 특히 지금의 N세대, M세대는 비주얼 세대로 그들은 지극히 시각적이고, 시각에 민감하게 반응합니다.

사람은 어떻게 학습할까요? 사람의 5대 감각^{미각, 촉각, 후각, 청각, 시각} 중 시각이 차지하는 비중이 80퍼센트 이상입니다. 그러므로 우리는 시각을 통해서 학습한다고 할 수 있습니다.

중국 속담에 "들으면 잊게 되지만, 보면 기억하게 되고, 손수 해보면 이해가 되더라. 그래서 하나의 그림은 천 마디 말의 가치가 있다"라는 말이 있습니다.

만화나 그림이 효과적인 의사소통의 수단으로써 시청각 교재의 위력을 발휘한다는 사실은 이미 교육에서 증명된 것입니다. 카툰^{Cartoon} 스팟에는 처음 만난 참가자들에게 웃음을 주고 마음의 동의를 얻으면서 프로그램을 시작하게 하는 힘이 있습니다.

백문이 불여일견
百聞不如一見

카툰 스팟에 유용한 몇몇 카툰을 추천합니다.

1. 각 신문사 네 컷 만화, 닥터단감 ^{유진수, 동아일보 연재}
2. 유미의 세포들 ^{이동건, 네이버 웹툰}
3. 뉴스룸 앵커 브리핑 ^{손석희, jtbc}
4. 영화 포스터 ^{인터넷 검색어로 '영화 포스터'를 치면 수많은 국내외 영화 포스터가 뜹니다} : 사운드 오브 뮤직, 마이 페어 레이디, 패치 애덤스, 말아톤, 빠삐용, 쇼생크 탈출, 인생은 아름다워……. 당신이 강의 중에 말하고 싶은 내용과 연결해 잘 선택한 영화 포스터 하나가 효과적으로 메시지를 전달할 수 있습니다.
5. 이솝 우화 / 탈무드 / 그림 동화 / 빨강머리 앤 / 피그말리온 효과
6. 심리학 책, 일러스트레이션, 화가들의 그림에서 선택한 한 컷 그림
7. 십이지의 이미지와 덕담을 활용한 스팟팅을 계획해보세요.
   십이지 ^{十二支: 자子, 축丑, 인寅, 묘卯, 진辰, 사巳, 오午, 미未, 신申, 유酉, 술戌, 해亥} 체계를 해마다

의 정치, 경제, 경영의 교훈과 연결 지음으로써 선조들의 지혜를 찾아 오프닝으로 활용할 수 있을 것입니다.

동전 그리기

목적: 참가자들의 주의와 관심을 환기시킬 수 있는 스팟으로 사용할 수 있습니다. 우리가 늘 접하고 보지만 정확하고 구체적으로 알고 있지 못한 것들이 많습니다.

진행 시간: 3분

준비물: A4 용지, 필기구

진행 방법
1. 먼저 참가자들에게 다음과 같이 질문을 합니다.
2. "지금까지 발행된 우리나라 화폐 중 동전으로 된 화폐가 몇 개인지 아십니까?"
3. "1원, 5원, 10원, 50원, 100원, 500원으로 동전 지폐만 모두 합한 금액은 얼마입니까?"[답은 666원입니다.]

4. "현재까지 살면서 우리나라 동전을 (   )개나 소유하고 만져보았습니까?" [답을 말하거나 종이에 써보게 합니다.]
5. 그다음 종이를 반으로 접은 뒤, 용지 우측에는 앞면을, 좌측에는 뒷면을 그리도록 합니다.
6. 관심을 끌기 위해 10원짜리를 그려보라고 하고, 자세히 볼 수 있게 합니다.
7. 50원짜리 동전 그리기 / 100원짜리 동전 그리기 / 500원짜리 동전 그리기를 진행합니다.
8. 단, 진행자는 절대로 주머니에 손을 넣어 동전을 꺼내 보지 않도록 요청해야 합니다. 단지 게임일 뿐이므로 순간적으로 게임에 임하도록 해야 합니다.

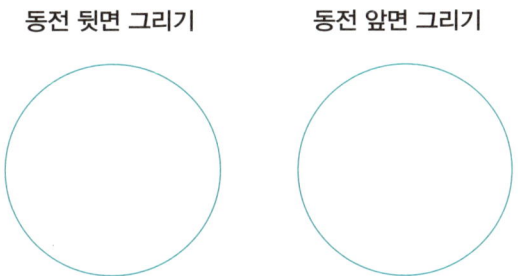

동전 뒷면 그리기   동전 앞면 그리기

> **Tip** 개인별로 해도 되고, 팀별로 해도 되고, 개인별로 한 다음 팀 내 회의를 거쳐 최종적인 그림을 제출하도록 할 수도 있습니다. 의외로 정확하게 그리는 사람이 거의 없습니다.
> 꼭 동전만이 아니라 자기 회사의 로고나 건물, 물건, 즉석 캐리커처, 자기 지역을 나타내는 캐릭터, 상징적인 나무나 새 등을 스팟 자료로 활용해보면 재미있는 시간이 될 것입니다.

보인다! 보여!
Miracle!

목적: 문제를 만났을 때, 어떤 해결책을 찾습니까? 문제는 항상 그 속에 답을 품고 있습니다. 문제의식을 가지고 새로운 해결책을 찾는 사람들은 보통 사람들과 문제를 보는 시각이 다릅니다. 어떤 문제를 만났을 때, 늘 보던 관점과 태도가 아닌, 다른 관점에서 다르게 볼 수 있도록 시도해봅시다.

진행 시간: 3분

준비물: 첨부자료를 인원수만큼 복사해서 준비합니다.

진행 방법
1. 첨부자료를 각 개인 및 그룹에게 나누어줍니다.
2. 그림 안에서 영어로 된 4개의 문장을 찾게 합니다.
3. 약간의 시간이 지나면서 그룹 내 여기저기서 "아하, 보인다, 보여!"

라고 소리를 치게 됩니다.

4. 각 그룹에서 한두 명이 보기 시작하면 옆 사람에게 보는 방법을 알려주게 되고 그룹 모두가 따라서 보게 됩니다.

> **Tip** 이 그림 스팟의 중요한 목적은 코칭^{Coaching}에 있습니다. 문제해결 방법을 먼저 발견하거나 알고 있는 사람들이 아직 문제의 실마리를 찾지 못한 사람들에게 그림을 보는 시각과 그림 속의 문장을 보는 방법을 가르쳐주면서 그룹 속에 시너지, 역동성, 아이스브레이크가 일어나게 됩니다.

*첨부자료

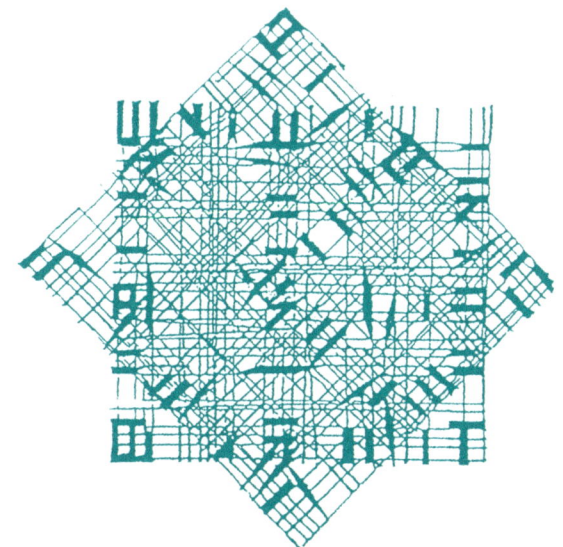

정답　　　　　　　　　　　　　　　　　　　　　　보인다! 보여! Miracle!

MIRACLE HAPPENS!라는 글이 보입니다.

① 왼쪽 옆에서부터 책 앞쪽 상단을 향해 45도로 쳐다보면, AT FIRST YOU ONLY SEES라는 글이 보입니다. ② 왼쪽으로 45도에서 오른쪽 45도로 책 앞에서부터 책 상단을 향해 보면, WIERD SHAPES AND LINES ③ 오른쪽으로 책 상단 45도에서 책 뒤쪽으로 보면, THEN SOMEONE HELPS ④ 책앞쪽으로 45도 뒤에서 마지막 끝인 왼쪽을 찾아가면, AND A

내 맘대로 그림 제목 붙이기: 상상의 날개를 펴고 그림을 보라

다음 그림에 제목을 붙여봅시다. 정답이 있는 것이 아닙니다. 보는 사람 각자가 상상력을 동원해 무슨 제목이든 붙여봅시다. 그 모임에서 가장 많은 웃음과 동의를 얻은 사람의 제목을 그날의 최고 제목으로 삼을 수 있습니다. 이 그림을 확대 복사해 강의장 안에 3~4장 붙여 놓고 자유롭게 그림 제목을 쓰며 돌아다니게 할 수도 있습니다.

*첨부자료

정답 없는 정답

1. 멕시코 모자를 쓰고 자전거 탄 소년을 위에서 본 모습

2. 자신만의 깡통 속에 들어 있는 살찐 정어리

3. 식사 데이트를 하는 벌레

4. 스웨터 입은 거북이

5. 15곱빼기 햄버거

6. 취중 운전자와 정상 운전자의 바퀴자국

7. 나무를 타는 곰, 나무 뒤편에 매달려 있는 코알라

8. 그의 눈 안에 타다 남은 잿더미 유령

9. 이빨과 대합조개

10. 엘리베이터 문에 걸린 나비넥타이를 맨 남자

11. 달리기 경주를 하려고 선 쥐의 뒷모습

12. 재고 세일즈의 도넛

13. 공중전화 박스 안에서 트럼펫을 연주하는 키다리 아저씨

14. 풍선 껌 불기 대회에서 이긴 소년

15. 어느 미치광이가 남겨 둔 의자

16. 물속에 뛰어들려는 순간의 아름다운 여인을 보는 물고기의 시각

17. 피사의 기울어지는 사탑

18. 면도날을 넘기로 작정한 지렁이

19. 샴페인 방울을 지나는 개미들의 행렬

20. 네 쪽으로 나뉜 감기약

책 소개를 하면서 정보를 주는 스팟
Booking Spot

강의 내용과 관련한 시작 오프닝 스팟, 또는 마무리 클로징 스팟로 책을 소개하면서 정보를 주는 스팟을 하는 것도 참가자들의 주의를 끌고 시선을 고정시키는 좋은 방법입니다. 직접 책을 보여주며 짧은 시간에 북 코치처럼 책 내용을 간단하게 소개하면서 강의나 모임의 시작을 풀어나가는 것도 자연스럽고 효과적인 스팟팅이 됩니다.

요즘처럼 자기계발과 개인의 성장에 관심이 많은 사회 흐름 속에서 좋은 책을 소개받는 것은 정말 기분 좋은 일임에 틀림없습니다. 당신은 주위 사람들에게 책을 추천하고 고마움의 인사를 받아본 적이 있습니까? 저는 강의가 끝난 뒤 도서를 추천해달라고 하거나 메일로 강의 평가와 함께 좋은 책을 추천해달라고 하는 요구를 많이 받습니다. 책을 소개하고 추천한다는 것은 참 어려운 일입니다. 그럼에도 불구하고 강력하게 추천하고 싶은 저자와 책들이 있다는 것은 좋은 일입니다. 당신은 그런 책들을 얼마나 가지고 있습니까?

지극히 개인적이어서 조심스럽게 몇 권의 책을 소개하자면,

1. 《성공하려면 액션러닝 하라》 / 봉현철
2. 《성공하는 팀장은 퍼실리테이터다》 / 모리 도키히코
3. 《끝없는 도전과 용기》, 《잭 웰치의 위대한 승리》 / 잭 웰치
4. 《목적이 이끄는 삶》 / 릭 워런
5. 《성공의 법칙》 / 나폴레옹 힐
6. 《성취 심리》 / 브라이언 트레이시
7. 《아직도 가야 할 길》 / 스콧 펙
8. 《프레젠테이션 젠》, 《프레젠테이션 젠 디자인》 / 가르 레이놀즈
9. 《브레인 룰스》 / 존 메디나
10. 《이너게임》 / 티머시 골웨이

그리고 추천하고 싶은 저자는,

1. 톰 피터스와 그의 저서들
2. 폴 J. 마이어와 그의 저서들
3. 데일 카네기와 그의 저서들
4. 존 맥스웰과 그의 저서들
5. 나폴레옹 힐과 그의 저서들
6. 피터 드러커와 그의 저서들
7. 브라이언 트레이시와 그의 저서들
8. 구본형 변화경영 전문가와 그의 저서들
9. 찰스 핸디와 그의 저서들
10. 하워드 가드너와 그의 저서들

스팟이란?
마중물이다

우리 어릴 적 펌프질로 물 길어 먹을 때
마중물이라고 있었다.

한 바가지 먼저 윗구멍에 붓고
부지런히 뿜어대면 그 물이
땅속 깊이 마중 나가 큰물을 데불고 왔다.

마중물을 넣고 얼마간 뿜다 보면
낭창하게 손에 느껴지는 물의 무게가 오졌다.

누군가 먼저 슬픔의 마중물이 되어준 사랑이
우리들 곁에 있다.

누군가 먼저 슬픔의 무저갱으로 제 몸을 던져

모두를 구원한 사람이 있다.

그가 먼저 굵은 눈물을 하염없이 흘렸기에

그가 먼저 감당할 수 없는 현실을 꿋꿋이 견뎠기에

– 임의진, 〈마중물〉

First in, Last Out, 119 사명서
Mission Statement

강의 시작 전에 가장 먼저 강의실에 들어가 준비를 마치고 강의가 끝난 뒤 가장 나중까지 강의실에 머무르세요. 시간 관리 전략에서 성실한 강사라는 첫인상^{호감}을 주세요.

먼저 온 학습자들의 수업에 대한 태도를 긍정적으로 만들고, 그들을 자신의 편으로 만들 수 있고 학습자들에게 신뢰를 줄 수 있는 좋은 방법 중 하나입니다.

다음 사진 'First in, Last out'은 경기소방학교 강의를 다니다 찍은 것으로 소방관 리더십을 잘 설명해주는 사진 중 하나입니다. 죽음이 두렵지 않은 사람이 어디 있겠습니까? 그러나 소방관들은 다들 먼저 빠져나오려고 하는 그 불구덩이가 일터이기에 가장 먼저 들어가서 모든 사람들을 구조하고 가장 나중에 나오는 리더십으로 생명을 구합니다.

퍼스트 인, 라스트 아웃! 당신은 어떤 심정으로 강의장에 들어갑니까?

　　First in, Last out!은 미국 소방조직 리더십의 덕목입니다. "불길 속에 앞장서서 가장 먼저 들어가 화재 진압과 인명 구조 임무를 완수하고, 팀원들의 안전을 확인한 후에 가장 나중에 나와야 할 사람은 누구입니까?" 바로 캡틴입니다. 팀장이나 센터장입니다. 팀을 이끄는 리더입니다. 당신은 리더입니까?

스토리 스팟
스토리텔링의 힘

　이솝 우화, 성경, 탈무드, 손자병법36계 줄행랑, 논어, 셰익스피어, 드라마, 콘서트, 영화, 스포츠, 속담, 잠언, 격언, 명언 등등 스토리 중심의 효과적인 의사소통 수단으로써의 스토리 스팟은 듣는 사람들의 머릿속에 생생한 그림이 그려지게 하는 힘이 있습니다.

　학습 참가자들에게 가장 간단하고 쉽게 다가설 수 있는 스토리 스팟은 예전부터 많은 강사들이 즐겨 사용해 온 기본적인 강의 기법의 하나입니다.

　스토리 스팟에 활용되는 스토리는 참가자와의 기본적인 관계와 공감대를 형성하는 가장 좋은 방법으로 인생의 중요한 원리나 삶의 기본 진리를 깨닫게 하고 가르치는 전달 수단으로 사용될 수 있습니다. 그 이야기가 가지는 교훈과 진리가 지금까지 살아온 세대들에게 필독의 대상이 되고 살아남을 수 있었던 가장 중요한 요인일 것입니다. 스토리 스팟을 통해 진행자나 강사에 대해 신뢰와 관계를 형성하게 하는 매력과 진한 감동이 있는 이야기를 개발해야 합니다.

스토리 스팟
우리 모두는 이야기꾼이다!

먼저, 강사 자신이 좋아하는 소설, 시, 문학작품이 있습니까? 최근에 밤새워 글을 읽고 쓰며 전달하고자 하는 열정과 순수한 감정을 가진 적이 있습니까?

스토리 스팟을 잘하는 사람들은 그 방법과 내용을 다양하게 갖추고 있습니다. 좋아하는 강사, 재미있는 강사는 스토리텔링이 뛰어난 강사들입니다.

참가자들을 잘 파악해 대상에 맞는 방법을 쓰는 강사는 설득, 관계, 서브를 잘합니다.

스토리 스팟에서 중요한 것은 지금 내가 전달하려는 것에 대해 정서적인 확신과 자신감을 가지고 있을 때 그것이 고생담이든, 경험담이든 듣는 사람들의 마음이 움직인다는 사실입니다.

스토리 스팟에는 내가 얼마나 많이 아느냐보다 내가 얼마나 성숙한가, 그리고 여기저기서 자료를 모아 많은 이야깃거리를 가지고 전달하는 것보다 내가 알고 있고 경험한 내용을 강의 내용과 잘 통합해서 사용하는 능력이 더 중요합니다.

많은 강사들의 강의 오프닝과 클로징에 스토리 스팟이 활용되는 데는 분명한 이유가 있습니다.

사람들은 정보가 이야기로 만들어질 때, 훨씬 더 기억하기 쉽다는 것을 잘 알고 있습니다. 우리 모두는 다른 사람과 나누고 싶어 하는 자신의 이야기를 가지고 있습니다. 우리 모두는 이야기꾼입니다!

어떤 이야기가 감동을 주고 의미 있으며 재미있고 힘을 줍니까?

영화, 스포츠, 드라마, 콘서트, 고전, 우화 형태의 가르침이나 인생의 중요한 원리를 깨우치는 이솝 우화, 장자 우화, 탈무드, 잠언, 속담, 격언, 명언 들을 개발하고 만들어봅시다.

인생을 100점짜리로 만들기 위한 조건은 무엇일까요?

이 질문은 진대제 전 정보통신부 장관이 대한상의 초청 조찬 간담회를 시작하면서 참석자들에게 던진 '조크성' 질문입니다. 진 장관은 "제가 재미있는 얘기 하나 하겠습니다"라고 말하고 파워포인트를 열었습니다.

파워포인트에는 진 장관이 어느 외국인에게 들었다는 '인생을 100점짜리로 만들기 위한 조건'을 찾는 법이 소개되어 있었습니다.

방법은 이렇습니다. 일단 알파벳 순서대로 숫자를 붙여줍니다.

A에는 1을 붙여주고, B에는 2, C에는 3, D(4), E(5), F(6), G(7), H(8), I(9), J(10)⋯⋯ Z(26)까지 붙이면 됩니다. 그런 다음 어떤 알파벳 단어에 붙여진 숫자가 모두 100이 되는 단어를 찾는 것입니다.

방법을 소개한 뒤 진 장관의 일문일답은 계속되었습니다.

열심히 일하면 될까요?
H+A+R+D+W+O+R+K

8+1+18+4+23+15+18+11 = 98점

Hard work, 98점입니다.

열심히 일한다고 100점짜리 인생이 되는 것은 아닙니다.

그렇다면 지식이 많으면? Knowledge는 96점입니다.

사랑을 하면? love는 54점입니다.

행운으로 될까요? luck는 47점입니다.

돈이 많으면? money는 72점입니다.

리더십은요? leadership는 89점입니다. 그럼 뭘까요?

정답은 Attitude입니다.

A+T+T+I+T+U+D+E

1+20+20+9+20+21+4+5 = 100점

우리의 인생은 마음먹기에 따라 100점이 될 수 있습니다. 어떤 자세로 인생을 살아가시겠습니까?

그 외에 **100점짜리 단어들**이 있는데, 대표적인 것이 Stress, Take a rest, abiding love 등입니다.

강사로서 학습자를 만날 때마다 가장 많이 말하게 되는 것이 학습 참가자들의 태도에 관한 것입니다. 참가자들의 태도를 보면 조직문화와 분위기를 알 수 있습니다. 몸이 말하는 언어라고 할 만큼 태도를 통해서 학습자들의 많은 것을 읽을 수 있기 때문입니다.

물론, 강사의 태도는 더욱 중요합니다. 긍정적이고 열정적이고 진정성 있는 태도로 학습자들에게 다가가는 기본기가 강사를 빛나게 하는 수많은 필살기보다 효과적인 스팟팅이 된다는 것을 기억하세요.

시간 도둑은
인생 도둑이다!

어떤 시간 관리 전문가에 대한 이야기입니다. 하루는 이 전문가가 경영학과 학생들에게 강의를 하면서 자신의 주장을 명확하게 하기 위해 구체적인 예를 들어 설명을 했습니다. 경영학과 학생들 앞에 선 이 전문가가 말했습니다.

"자, 퀴즈를 하나 내겠습니다."

그는 테이블 밑에서 커다란 항아리를 하나 꺼내 테이블에 올려놓았습니다. 그러고 나서 주먹만 한 돌을 꺼내 항아리 속에 하나씩 넣기 시작했습니다. 항아리에 돌이 가득 차자 그가 물었습니다.

"이 항아리가 가득 찼습니까?"

학생들은 이구동성으로 대답했습니다.

"네."

그러자 그는 "정말" 하고 되묻고는 다시 테이블 밑에서 조그만 자갈을 한 움큼 꺼내 들었습니다. 그러고는 항아리에 집어넣고 작은 자갈이 깊숙이 들어갈 수 있도록 항아리를 흔들었습니다. 주먹만 한 돌 사이에

조그만 자갈이 가득 차자 그는 다시 물었습니다.

"이 항아리가 가득 찼습니까?"

눈이 휘둥그레진 학생들은 "글쎄요"라고 대답했고, 그는 "좋습니다" 하더니, 다시 테이블 밑에서 모래주머니를 꺼냈습니다. 모래를 항아리에 넣어 주먹만 한 돌과 작은 자갈 사이의 빈틈을 가득 채운 뒤에 다시 물었습니다.

"이 항아리가 가득 찼습니까?"

학생들은 "아니오" 하고 대답했고, 그는 물이 든 주전자를 꺼내서 항아리에 부었습니다. 그러고 나서는 전체 학생들에게 물었습니다.

"이 실험의 의미가 무엇이겠습니까?"

한 학생이 즉각 손을 들더니 대답했습니다.

"당신이 매우 바빠서 스케줄이 가득 찼더라도 정말 노력하면 새로운 일을 그 사이에 추가할 수 있다는 것입니다."

"아닙니다."

시간 관리 전문가는 즉시 부인했습니다. 그러고는 말을 이어갔습니다.

"그것이 요점이 아닙니다. 이 실험이 우리에게 주는 의미는 '만약 당신이 큰 돌을 먼저 넣지 않는다면, 영원히 큰 돌을 넣지 못할 것이다'라는 것입니다."

"인생의 큰 돌은 무엇일까요?"

당신이 진행하고 있는 프로젝트입니까? 사랑하는 가족들과 시간을 같이 보내는 것입니까?

여러분의 신앙, 재산, 승진, 사업, 우정, 신의, 봉사……?

오늘 밤에 이 이야기를 회상하면서, 한번 자신에게 물어보십시오.

"내 인생에서, 내 직업에서, 큰 돌은 과연 무엇인가?"

여러분의 큰 돌이 무엇이 되었든, 그것을 항아리에 가장 먼저 넣어야 한다는 것을 잊지 마십시오.

시간 관리 전략에서 가장 중요한 것은 '인생의 가장 중요한 목표'에 자신의 시간을 사용하는 것입니다. 당신의 가장 중요한 목표는 무엇입니까? 당신의 플래너에 오늘 해야 할 가장 중요한 목표^{큰 돌}를 기록하고 거기에 집중하세요. 질질 끌거나 미루지 마세요. 만약 인생의 넘버원 목표가 아닌 급하지만 중요하지도 않은 다른 일에 시간을 보내고 머물러 있다면 개인으로서나 강사로서나 시간 도둑으로 인해 인생을 낭비하는 것입니다.

리더의 자기 깜냥!
리더 '감'이란 어떤 사람인가?

축구 대표팀 감독의 덕목은 뭐라고 보는가?

"20대에는 축구를 파워라고 생각했고, 30대에는 전술,
40대에는 전략이라고 생각했다.
하지만, 50대가 되면서 축구가 '철학'이라는 것을 깨달았다.
팀을 이끌려면 자신만의 확고한 철학이 있어야 한다.
물론 선수들과 커뮤니케이션을 잘할 수 있는 성품과 경험도 중요하다."
— 정몽준, 前 FIFA 부회장 / 現 FIFA 명예부회장

강사로서의 열정, 성공하기 위한 전술과 전략도 필요하지만 강의를 하는 목적과 강사로서의 사명도 중요합니다. 바로 자신만의 확고한, 강사로서의 철학이 있는가는 더욱더 중요합니다.

강사로서의 철학은 자기성찰과 인문학적인 독서를 통해서 만들어갈 수 있습니다.

강사로서 당신에게 가장 큰 덕목은 무엇입니까?

리더'감'이란 어떤 사람인가?

청춘, 코칭 리더십, 심리학, 뇌 기반 학습, 항노화와 웰빙, 건강, 성공학, 자기계발, 10년 후, 노년, 여성, 변화, 자기 경영, 문화, 공부 기술, 여가 등이 요즘 책과 세미나의 화두입니다.

이것들은 마케팅, 목표 성취, 승-승 win-win, 커뮤니케이션, 대화의 기술, 설득의 심리학, 자기 관리 능력, 부자학, 미래학, 인간관계 능력, 세일즈 등등 성공적인 삶의 변화에 대한 많은 요소들을 이야기합니다.

그러나 이 모든 것에서 빼놓을 수 없는 것이 바로 '리더십'입니다. 특히 셀프 리더십과 대인관계에서 성공하는 리더십, 팀 리더십은 모든 사람의 관심을 끕니다.

리더는 자기 깜냥만큼만 일을 해냅니다.

'ㄲ'으로 된 순 우리말 중 리더'감'에 대해서 아십니까?

당신은 꿈 비전이 있는가?
　　끼 달란트가 있는가?
　　꾀 지혜가 넘치는가?
　　끈 인맥, 관계이 있는가?
　　꾼 일꾼, 전문가인가?
　　꼴 모양새이 좋은가?
　　깡 믿음, 배짱이 있는가?
　　끝 삶, 일생이 아름다운가?

또 어떤 것들이 가능할까요? 꿀(성품, 부드러움), 꽃(결과), 끗(실력), 끌(연장, 도구) 등을 생각할 수 있을 것입니다.

우리 시대에 끝(삶)의 모델이 아름다운 리더 '감'(롤 모델)이 많이 나오기를 기대합니다.

> **Tip** 리더의 자기 깜냥, 속깜냥이 중요합니다. 당신은 스스로 어떤 일을 해낼 만한 능력이 있다고 생각하는 리더입니까? 자기 깜냥만큼 말하고 살아가는 것이 인간입니다. 당신이 가진 'ㄲ'은 무언인가요?

만약에
말이야!

"만약에 말이야, 당신이 100억 복권에 당첨되었다면, 지금 하고 있는 일을 계속할까?"

이렇게 우리 주변에서 일어날 수 있는 이야기들을 스토리 스팟의 주제로 삼아 파트너와 또는 팀별로 이야기를 나누어보며 웃음꽃을 피워봅시다. 강의 중 잠시 좌뇌를 쉬게 하면서 우뇌를 활용해 스토리 스팟으로 서로의 생각을 나눌 수 있는 유익한 시간이 될 것입니다.

'**만약에 말이야!**'는 '이런 일들이 가능하다면, 우리가 어렸을 적에 감히 꿈꾸었던 일들이 이루어질 수 있다면, 그리고 지금 성인이 되어 그런 현실이 내 앞에 벌어져서 성공이 보장된다면' 어떤 선택을 하겠는가? 하고 상상해보는 시간입니다.

다음 질문 하나하나에 성실하게 대답함으로써 자신에 대한 인식의 문이 열릴 것이고, 함께 이야기를 나누는 팀원들과의 인간관계를 새롭게 볼 것이며, 지금 당신 자신을 가두고 있는 한계를 무너뜨리고, 그 너머의 세상 꿈꾸는 세상. 성공. 목표. 성과 에 다가갈 수 있을 것입니다. 이 질문들의 대답에 주어진 시간은 1분입니다. 그냥 머릿속에 처음 떠올랐던 생각과 말을 기록하고 이야기하면 됩니다.

다음 내용을 A4 용지에 적어 팀별로 서로 무궁무진한 가능성을 가지고 꿈꿀 수 있는 모든 이야기를 해봅시다.

만약에, 지금까지 출판된 책들 중에 저자의 이름을 지우고 자신의 이름을 쓸 수 있다면 어떤 책에 당신의 이름을 쓰고 싶은가?

만약에, 내가 남자가 된다면, 또는 여자가 된다면 어떨까?

만약에, 당신에게 부분 모델 제의가 들어왔다. 신체의 어느 부분이 어떤 광고에 이용되었으면 좋겠는가?

만약에, 어떤 사고를 만나 특별한 능력이 생겼다. 어떤 능력이면 좋겠는가?

만약에, 거울아! 거울아! 누가 세상에서 가장 예쁘지? 당신은 어떤 질문에 대해서도 대답을 얻을 수 있는 마법의 거울을 가지고 있다. 무엇이 가장 궁금한가?

《만약에》라는 책에서 발췌한 내용을 추가해보면,

1. 만약에 내게 미래를 볼 수 있는 능력이 생긴다면 무엇을 보겠는가?
2. 만약에 내가 결혼을 하지 못한다면 어떻게 하겠는가? 또는 결혼했다면 어떻겠는가? 결혼을 안 했다면 어떻겠는가?
3. 내 아이큐가 200이라면 무엇을 하겠는가?
4. 조간신문에 당신의 기사가 1면 톱으로 대문짝만 하게 났다. 어떤 내용이면 좋겠는가?

5. 배가 난파되어 무인도에 혼자 있게 되었다. 어떤 책이 있으면 위안이 되겠는가?

6. 지금까지 만들어진 발명품 중 당신이 발명하고 싶은 것이 있다면?

7. 습관을 바꾸어주는 알약이 있다면 어떤 습관을 바꾸기 위해 그 알약을 먹겠는가?

8. 여행을 다니다 보면 눈살을 찌푸리게 만드는 행동을 하는 사람들이 많다. 그들을 당신에게 맡긴다. 어떤 사람을 어떻게 하겠는가?

9. 다음 달 잡지의 표지 모델이 되어달라는 출판사의 섭외가 들어왔다. 어떤 잡지의 모델이 되고 싶고, 또 표지 설명에 뭐라고 실렸으면 좋겠는가?

10. 원인 모를 불치병에 걸렸다. 살기 위해선 반드시 두 팔과 두 다리 중에 하나를 잘라야만 한다. 어느 부분을 잘라내는 것이 그나마 나을까?

11. 알고 지내는 주변 사람 중 한 명의 일기를 몰래 읽을 수 있다면, 누구의 일기를 살짝 엿보겠는가?

12. 지금까지 발명된 것들 중에 한 가지를 이 세상에서 사라지게 할 수 있다면, 무엇을 고르겠는가?

13. 당신의 연인을 성격 개조 프로그램에 참가시켜 그 사람의 성격 중에 한 가지를 원하는 대로 바꿀 수 있다면, 무엇을 어떻게 고치겠는가?

14. CF 모델로 변신! 지금까지 본 광고 중에 꼭 출연해보고 싶은 광고가 있다면 무엇인가?

15. 지금부터 어떤 역사적인 인물이 되어 완전히 똑같은 삶을 살게 된다면, 누구의 인생대로 살아보고 싶은가?

16. 어느 한 동물과 의사소통을 할 수 있는 능력이 생긴다면, 어느 동

물과 대화를 나누어보겠는가?

17. 분야에 상관없이 시작하기만 하면 챔피언이 될 수 있다. 어떤 스포츠를 하겠는가?

18. 당신이 지구상에 존재하는 여러 가지 잘못된 편견들 가운데 한 가지를 영원히 없애버릴 수 있다면, 사람들의 머릿속에서 어떤 생각을 몰아내겠는가?

19. 역사적인 사건 중에서 하나를 두 눈으로 직접 목격할 수 있다면, 어떤 사건 현장으로 달려가겠는가?

20. 자신의 미래를 알 수 있는 사람은 없다. 특별히 당신만은 미래 중 하루를 미리 알 수 있게 해주겠다. 어떤 순간에 대해 알고 싶은가?

21. 사람의 말을 똑같이 흉내 내는 구관조를 선물 받았다. 그런데 이 새는 한 가지밖에 따라 하지 못한다고 한다. 무슨 말을 가르치겠는가?

> **Tip** 늘 좋은 질문들을 생각해보고 만들어서 나누어봅시다.
>
> 1. 내 인생에서 가장 가치 있다고 생각되는 세 가지는 무엇인가?
> 2. 당신의 긍정적인 특성과 자질 세 가지는 무엇인가?
> 3. 당신의 삶이 1년밖에 남지 않았다면, 어떻게 살아보겠는가?
> 4. 내가 기억하는 내 인생 최고의 성취 세 가지는 무엇인가?
> 5. 내가 행복하다고 말할 수 있는 세 가지 증거는 무엇인가?
>
> 또, 어떤 질문들로 학습 참가자들이 서로 마음을 열고 서로를 알 수 있는 대화를 시작하게끔 할 수 있을까요? 좋은 소재들을 개발하기 위해서 메모하는 습관을 가집시다.

무엇이 당신을 만드는가?

《삶을 걸작으로 만드는 피터 드러커의 위대한 질문》(위즈덤하우스)

- 죽은 뒤에 어떤 사람으로 기억되기 바라는가?
- 누군가의 삶에 변화를 일으킨 적이 있는가?
- 과연 나는 가치 있는 일을 하고 있는가?
- 나의 묘비명은 무엇인가?
- 목표를 달성하는 비결은 무엇인가?
- 선생님께서도 연습을 하십니까?
- 늙은 고양이도 쥐를 잡는 새로운 기술을 배울 수 있는가?
- 어느 분야에서 나무랄 데가 없는가?
- 나는 어떻게 성과를 올리는가?
- 당신은 시간의 주인인가?
- 우리가 하는 사업은 무엇인가?
- 우리의 고객은 누구인가?
- 최근에 폐기한 것은 무엇인가?

- 인간의 궁극적 목적과 인간의 모델은 무엇인가?
- 혁신, 즉 다르게 또는 새롭게 할 것은 무엇인가?
- 해야 할 일과 하지 말아야 할 일은 무엇인가?
- 기업의 사회적 책임이란 무엇인가?
- 인구의 중심이 어디로 변하고 있는가?
- 후계자는 누구입니까?

오늘날의 피터 드러커를 만든 질문은 20대의 피터 드러커에게 성공회 신부가 던졌던 질문으로 "죽은 뒤에 어떤 사람으로 기억되기 바라는가?"라고 합니다. 질문의 힘은 셉니다. 이 질문을 스토리텔링으로, 스토리 스팟으로 활용할 수 있습니다. 《질문의 7가지 힘》(더난출판)은 질문이 나를 변화시키고 조직을 변화시킨다고 말합니다.

질문을 하면 ㄷ이 나온다.
질문은 ㅅㄱ을 자극한다.
질문을 하면 ㅈㅂ를 얻는다.
질문을 하면 ㅌㅈ가 된다.
질문은 ㅁㅇ을 열게 한다.
질문은 ㄱ를 기울이게 한다.
질문에 답하면 스스로 ㅅㄷ이 된다고 한다.

우리는 스토리 스팟과 스토리텔링을 통해서 강의하면서 학습자들에게서 끌어내고자 하는 정답과, 그들의 생각을 자극하면서 우리 가운데 있는 지식과 정보를 얻을 수 있습니다. 또, 전체 분위기를 긍정적으로 통제해나갈 수 있는 좋은 방법이 질문입니다. 참가자들의 마음을 열게 하고 참가자들의 귀를 기울이게 하며 스스로 설득이 되게 하는 놀라운 힘이 질문에는 있습니다. 피터 드러커의 '무엇이 당신을 만드는가?'에서 가장 마음에 드는 질문을 하나씩 뽑아 서로서로 물어보며 생각을 끄집어내 봅시다.

오늘 당신 스스로에게 던지는 질문은 무엇입니까? "나는 어떻게 성과를 올리는가?" 답해보세요! "나의 핵심 고객은 누구인가?", "나는 무엇을 팔고 있는가?" 이 질문들에도 완성 충동을 활용해 답해보세요.

제가 여러분들에게 던지는 질문 하나!

"몇 살까지 살기 원하는가?"(세)

생각해본 적이 있습니까? 몇 살까지 살겠다는 목표가 있습니까?

그렇다면 지금 당장 살아갈 세월에 필요한 건강을 확보하세요. 건강하다면 무엇이든 다시 시작할 수 있습니다. 당신이 무의식중에 던진 메시지처럼 자신이 쓴 나이만큼 살 것입니다.

자신을 파괴하는 7가지 큰 죄 – 간디 이야기

인도의 국부 간디의 묘소에는 간디가 젊은 시절 쓴 《젊은 인도》라는 책에서 인용한 '7가지 사회적인 죄'가 새겨져 있습니다. 특히 한 개인과 사회가 망할 때 나타나는 징조를 간디는 일곱 가지로 나누고 있습니다.

아울러 특기할 점은 우리를 파괴하는 이 일곱 가지 '큰 죄'의 교정 수단으로 간디가 든 것이 사회적 가치가 아니라 하나같이 자연법칙과 원칙에 기초한 객관적 기준이나 사실들이라는 것입니다.

7가지의 사회 악^惡

원칙^{原則} 없는 정치^{政治}

노동^{勞動} 없는 부^富

양심^{良心} 없는 즐거움

인격^{人格} 없는 교육^{敎育}

인간성^{人間性} 없는 과학^{科學}

희생^{犧牲} 없는 종교^{宗敎}

도덕道德 없는 윤리倫理

원칙 없는 정치

요즘 정치인들 중에는 선거에 당선되기 위해 피상적인 이미지를 만들어내는 데만 엄청난 돈을 쏟아 붓는 사람들이 많다. 만약에 그런 것들이 먹혀든다면 우리의 정치 체제는 준거가 되어야 할 자연법칙과 동떨어진 채 흘러가게 될 것이다.

자연법칙은 자명하고, 외재적이며, 관찰 가능하고, 자연적이며, 논쟁의 여지가 없는 법칙들을 뜻한다. 정치꾼들의 가치체계가 이러한 자연법칙에 근거하고 있지 않다는 데 문제가 있다.

영화 〈십계〉를 보면 모세가 이집트 파라오 왕에게 이런 말을 한다. "우리는 당신이 아닌 하나님의 법에 의해서만 다스려질 것이오!"

이 말은 결국 율법을 구현하지 않는 사람에게는 통치를 받지 않을 것이란 얘기다. 최상의 사회, 최상의 조직에서는 언제나 자연법칙과 원칙이 지배한다. 그것이 바로 헌법이다. 최상의 지위에 있는 사람이라 할지라도 그 원칙에 복종해야만 한다. 아무도 원칙 위에 있을 수 없다.

노동 없는 부

일하지 않고 얻는 재산으로, 이는 아무런 대가도 지불하지 않고 무언가를 얻는 행위를 말한다. 다시 말해, 땀 흘려 일하거나 부가가치를 생산하지 않고 사람이나 사물을 조작하는 기법, 즉 시장이나 자산을 조작하는 것 등을 말한다. 오늘날에는 이런 것들이 일종의 전문직처럼 되어 있다. 일은 하지 않으면서 돈을 벌고, 탈세를 통해 부를 축적하며, 자기 몫의 재정적 부담은 회피하면서 정부의 혜택은 받으려 하고, 아무런 위험부담이나 책임은 지지 않으면서 시민으로서 또는 회사의 구성원으로서의 특권은 다 누리려고 하는 사람들이 바로 그들이다.

양심 없는 즐거움

양심이 결여된 쾌락이 궁극적으로 치러야 할 비용은 실로 엄청나다. 시간과 돈이 소요된다는 점에서도 그렇고, 평판이 크게 나빠진다는 점에서도 그렇다. 하지만 무엇보다 근시안적으로 자기 탐닉을 일삼고 자신의 욕구 충족에만 급급한 사람은 주위 사람들의 마음에 커다란 상처를 입힌다.

양심에 구애됨이 없이 자기기만에 빠져 멋대로 자연법칙에서 이탈하는 행동은 매우 위험하다. 양심이란 본질적으로 불변하는 진실과 원칙들의 저장소이며, 자연법칙을 감시하는 내면의 거울이기 때문이다.

인격 없는 교육

얕은 지식은 위험하다. 그러나 더 위험한 것은 박식하지만 원칙에 기초한 성품이 결여된 경우다. 내면적인 성품 계발에 의해 뒷받침되지 못하는 교육은 마약에 취한 10대 청소년에게 고성능 스포츠카를 맡기는 것만큼이나 무모한 짓이다. 그럼에도 불구하고 오늘날의 교육 현장에서는 이런 일들이 비일비재하다. 모든 것이 젊은이들의 성품 계발을 소홀히 한 결과인 것이다.

인간성 없는 과학

테크닉과 테크놀로지가 과학의 전부라면, 그러한 과학은 곧 인간성을 말살시켜버리고 말 것이다. 물론 과학을 통해 발전이나 때로는 '혁명'적인 사건이 일어날 수도 있다. 그러나 인간성이 결여된 상태에서 인간의 진정한 진보란 있을 수 없다. 인간 사회의 온갖 불평등과 불의는 여전히 우리 곁에 남아 있을 것이기 때문이다. 유일하게 변하지 않고 남아 있는 것은 나침반의 진북에 해당하는 자연법칙과 원칙들뿐이다.

희생 없는 종교

적극적인 종교생활은 희생 없이도 가능하지만, 종교의 가르침을 따르는 것은 희생 없이 불가능하다.

우리는 종교의 사회적 측면과 종교적 관행에 치중하는 경향이 있다. 그래서 현실적으로는 불우한 이웃들과 함께하지도 못하며, 또 그들을 위해 특별한 노력을 기울이지도 않는다. 그러다 보니 자연히 우리의 경제 체제를 송두리째 뒤흔들어 놓을지도 모르는 기타 사회 문제들에 대해서도 효과적으로 대처하지 못한다.

우리를 필요로 하는 사람들을 돕기 위해서는 자만심과 편견을 버리고 봉사에 따르는 희생을 감수해야 한다. 남을 섬기는 위대한 지도자들은 겸양의 미덕을 지니고 있으며, 그것은 이들이 가진 내면의 종교에서 발현되는 것이다. 유감스럽게도 요즘 사람들은—적어도 외형상으로는—종교를 바라고 있으면서도 희생은 원하지 않는다. 영적인 것을 추구하면서도 단식을 통해 어떤 의미를 되새긴다거나 익명의 자선 행위를 통해 그것을 실현하려고 애쓰지 않는다.

도덕 없는 윤리

애덤 스미스는 《국부론》에 앞서 발간된 《도덕적 정신》이라는 책에서 도덕적 기초, 즉 서로를 대하는 태도, 박애정신, 봉사정신, 기여정신 같은 것들이 사회 체제를 성공적으로 만드는 데 얼마나 중요한 역할을 하는지 지적했다. 애덤 스미스는 모든 비즈니스 거래에는 양측 모두 그 결과에 대해 기꺼이 승복한다는 일종의 도덕적 기초가 깔려 있다고 보았다.

> **Tip** 간디의 7가지 사회악을 학습자들과 공유한 후, 지금 우리 사회에서 개인과 조직을 망치는 가장 큰 죄악이 무엇인지 하나씩 선택하고 자신의 생각을 나누도록 합니다.

리더십 이야기,
리더십이란 무엇인가?

전달하고자 하는 주제를 참가자들이 주체가 되어 파트너 또는 팀별로 토의를 하게 합니다. 예를 들어, 리더십에 대해 강의할 때 리더십에 대한 열 가지 요소를 하나하나 설명하는 것보다 참가자들이 전체를 살펴보고 1~2가지를 고른 뒤 리더십에 대한 자신의 요즘 생각들을 사례를 들어가면서 이야기하는 것이 재미도 있고 설득력도 있습니다.

조직문화와 가정에서의 개인의 가치가 묻어나는 다양한 경험들과 원칙들을 나누며 효과적인 학습을 끌어낼 수 있습니다.

리더십이란 무엇인가?

Listening 잘 들어주는 것
Establish 조직을 잘 구성해 이끌어나가는 것
Achieving 목적을 성취하는 것
Decision 의사를 결정하는 것
Exampling 본보기가 되는 것

Responsibility 책임을 지는 것

Spiritual insight 영적인 통찰력을 갖는 것

Humbleness 겸손을 통해 감동을 주는 것

Integrity 정직성을 보여주는 것

Pioneer 개척자가 되는 것

> **Tip** 참가자들이 어떤 사람들이냐에 따라 다르게 질문할 수 있습니다. 고객이란 무엇인가? 서비스란? 판매란? 광고란? 상담이란? 코칭이란? 직업이란? 브랜드란? 다양한 토의 주제를 5~10개 정도 제시한 뒤 각 개인마다 현답이라고 생각하는 정의나 개념을 선택해 토론하게 하는 것도 스팟팅을 이용한 좋은 교육이라고 생각합니다. 여러분도 한번 활용해보기를 권합니다.

이 스토리 스팟을 해보면 리더십에는 정답이 없다는 것을 알게 됩니다. 리더십이 무엇이냐는 질문에 대한 참가자들의 생각과 선택은 각각 다릅니다. 어떤 사람들은 책임 있는 리더를, 경청해주는 리더를, 정직한 리더를, 돌파 창조하는 개척자 리더를, 목표를 설정하고 성취해나가는 성과 리더를 진정한 리더라 이야기합니다. 이렇게 스토리 스팟을 통해 상황에 따라 요구되는 리더십 덕목이 달라진다는 것을 참석한 학습자들이 이해하는 시간을 가질 수 있습니다.

건강과 활력이 넘치는 에너지 만들기

스토리 스팟에서 참가자들의 마음을 열고 주의 끌기를 통해 집중하게 하는 데는 단연코 정보를 주는 스팟팅이 좋습니다. 여행지, 웰빙, 경험담, 건강 습관, 주식, 영화, 다큐멘터리, 맛집, 베스트셀러 등등 모두 스토리 스팟의 단골 메뉴입니다. 평균수명이 늘어나면서 '동안'과 건강한 '몸'에 대한 관심이 큽니다. 사람들의 욕구에 따라 정보를 주는 스토리 스팟을 위한 자료를 모으세요.

건강과 활력이 넘치는 에너지를 만들기 위해 건강을 증진시키는 호흡을 하라 운동과 함께, 수분이 많은 음식을 먹어라, 공복에 과일을 먹어라, 과도한 단백질 섭취를 줄여라, 탄수화물과 단백질은 가급적 함께 먹지 마라, 식사량을 줄여라…….

자, 그럼 '수분이 많은 음식을 먹어라'라고 하는데 가끔씩 생수나 수돗물에 대한 좋지 않은 뉴스가 등장해 맘 놓고 마시던 사람들에게 스트레스가 쌓이게 합니다. 물을 대신해서 좋은 수분을 섭취할 수 있는 음식 세 가지가 무엇인지 아십니까?

바로 과일, 채소, 나물입니다. 물론 벌레 먹은 과일과 채소를 말합니다. 상처 하나 없이 매끈하기만 하고 먹음직, 보암직한 탐스러운 과일과 깨끗한 채소는 살충제를 뿌려 가꾼 것들입니다.

칭기즈칸 이야기

- 집안이 나쁘다고 탓하지 마라. 나는 아홉 살 때 아버지를 잃고 마을에서 쫓겨났다.
- 가난하다고 말하지 마라. 나는 들쥐를 잡아먹으며 연명했고, 목숨을 건 전쟁이 내 직업이고 내 일이었다.
- 작은 나라에서 태어났다고 말하지 마라. 그림자 말고는 친구도 없고 병사는 겨우 10만, 백성은 어린애, 노인까지 합쳐 200만도 되지 않았다.
- 배운 게 없어 힘이 없다고 탓하지 마라. 나는 내 이름도 쓸 줄 몰랐으나 남의 말에 귀 기울이면서 현명해지는 법을 배웠다.
- 너무 막막하다고, 그래서 포기해야겠다고 말하지 마라. 나는 목에 칼을 쓰고도 탈출했고, 뺨에 화살을 맞고 죽었다 살아나기도 했다.
- 적은 밖에 있는 것이 아니라 내 안에 있었다.
- 나는 내게 거추장스러운 것들은 깡그리 쓸어버렸다.
- 나를 극복하는 그 순간 나는 몽골 제국의 칭기즈칸이 되었다.

사랑이라는 보석
'오팔' 이야기

　어떤 보석상에서 있었던 일입니다. 보석을 이것저것 살피던 손님이 어떤 보석을 가리키며 "이 보석은 별로 좋아 보이지 않는데, 가격이 왜 이렇게 비쌉니까?"라고 물었습니다. 그 보석은 '오팔'이라는 보석이었습니다. 보석상 주인은 아무 말 없이 그 보석을 두 손으로 꼬옥 감싸듯 어루만졌습니다. 잠시 후 손을 펴자 그 보석은 무지갯빛으로 아름답게 빛나고 있었습니다.
　보석상 주인은 손님에게 이렇게 말했습니다.
　"오팔은 사람 손으로 따뜻하게 감싸주면 아름다운 빛을 낸답니다."
　우리 주변에도 우리의 따뜻한 손길이 닿을 때 보석이 되는 사람들이 많이 있습니다.
　"손으로 따뜻하게 감싸주면 무지갯빛을 내며 빛나는 보석 오팔처럼 당신이 따뜻하게 감싸주면 아름답게 빛날 그 사람은 누구입니까?"

자녀에 대한 패러다임

당신의 자녀들은 당신의 것이 아닙니다.

그들은 생명의 아들이고 딸입니다.

그들은 당신을 통해 세상에 왔으나

당신이 태어나게 한 것은 아닙니다.

또, 당신과 함께 있다고 해서

당신의 소유물이 될 수도 없습니다.

당신은 그들에게 사랑을 줄 수는 있어도

생각을 줄 수는 없습니다.

왜냐하면 그들에게는 자신들의 생각이 있으니까요.

당신은 그들의 몸을 가둘 수 있을지 모르나

마음을 가둘 수는 없습니다.

그들의 마음은 '미래의 세계'에

살고 있기 때문입니다.

당신은 꿈속에서조차 그곳에 갈 수는 없습니다.

당신이 그들처럼 되고자 노력하는 것은 좋으나
그들을 당신처럼 만들려고 하지는 마십시오.
왜냐하면 인생이란 거꾸로 가는 것도 아니고
과거에 멈추어 있지도 않기 때문입니다.

― 칼릴 지브란^{Kahlil Gibran}, 《예언자》 중에서

액션 스팟
Action Spot

    스팟팅 Spotting 은 말로만 하는 것이 아닙니다. 도구를 사용할 수도 있고, 행동으로 할 수도 있습니다.

    말과 행동 그리고 도구 모두를 사용하는지에 따라 스팟의 내용이 달라지고 의미 또한 다를 것입니다.

    말과 행동으로 하는 스팟이 가장 많다고 할 수 있는데 교육 전 가장 즐겨 사용하는 스트레칭이나 건강 박수, 에어로빅 레크댄스 등이 대표적입니다.

    액션 스팟은 짧은 시간, 간단하게, 참여적이고 체험적으로 말과 행동 그리고 도구를 사용해 몸을 많이 움직이는 스팟으로 유연성과 열정, 노력, 도전, 모험, 참여 정신 등등을 발견할 수 있는 좋은 기회입니다. 서로의 관계 개선과 대화 그리고 좋은 분위기를 이끌어낼 수 있습니다.

림보 댄스 게임

참석자들 중 허리가 제일 유연한 사람을 뽑아봅시다. 2~3cm 정도 두께의 가느다란 막대기를 준비합니다. 보조 진행자 두 사람이 양쪽에 서서 어깨 높이 정도에서부터 시작해 가슴, 허리, 엉덩이로 차차 막대기를 낮추어가며 각각의 높이를 통과한 사람들만 림보 댄스 게임에 참가시킵니다.

자, 음악이 나오면 출발합니다. 과연 누가 제일 낮은 곳에 있는 막대기 밑을 빠져나와 림보 왕이 될까요?

두 다리를 어깨 넓이로 벌리고, 두 손을 허리에 대고, 고개를 뒤로 젖히고 껑충껑충 뛰면서 주어진 막대기를 통과합니다.

실내에서도 가능하지만, 만약 모임 장소나 주변 환경이 낮은 물가나 모래밭이라면 모두가 부담 없이 도전해볼 수 있는 재미있는 액션 스팟팅이 될 것입니다.

> **Tip** 움직임의 미학이랄까요? 참석한 사람들의 움직임과 동작 하나하나에 탄성과 웃음 그리고 관심이 집중됩니다. 그리고 참가자들은 자신의 유연성을 측정해볼 수 있는 기회가 됩니다.
> 자, 준비운동을 하고 단계, 단계를 자신 있게 도전하도록 진행해봅시다.

하이파이브
High-Five

림보 댄스를 응용한 활동적인 아이스브레이크 게임입니다. 이 게임에서 원하는 것은 창의성, 순발력, 자기 표현력입니다. 당신은 생각과 행동 중 뭐가 더 중요하다고 생각하고 또 무엇이 우선합니까? 창의적이고 새로운 동작을 만들어내는 데 당신은 어떤 과정을 거칩니까? 긍정적이고 창의적인 사고가 행동을 결정짓습니다. 그리고 혼자만의 생각보다는 여러 사람이, 팀 안에서 생각할 때 더 좋은 결과를 만들어냅니다.

1. 자, 전체가 일어서서 한 줄로 섭니다.
2. 지정된 사람이나 장소에 하이파이브라고 외치며 터치합니다.
3. 창의적이고 새로운 행동, 동작을 만들어야 합니다.
4. 앞에서 사용한 행동은 따라 할 수 없습니다.

이 움직임은 자연스럽게 참가자들에게 새로운 동작과 더 창의적인 움직임을 생각하게 만듭니다. 주위 사람들과의 대화를 통해 각자가 하나의 동작을 만들어내던 데서 2명, 3명, 5명, 그리고 작은 그룹, 더 나아가 전체가 하나의 팀이 되어 할 수 있는 다양한 동작을 만들어내기에 이릅니다. 각각의 개인이던 사람들이 한정된 자신의 동작을 뛰어넘기 위해 앞뒤 사람들과 대화를 하게 되고 이제는 몇몇 자발적이고 주도적인 리더들에 의해 거침없이 하나의 동작을 만들어나가며 하이파이브를 외칩니다.

"우리 모두를 합한 것보다 현명한 사람은 없다."

– 켄 블랜차드, 《하이파이브》 중에서

Tip 진행자는 하이파이브 활동을 진행하면서 참가자들이 선택한 행동을 칭찬하거나 격려하면서 잘했다고, 멋있다고, 대단하다고 인정합니다. 이렇게 지지하는 응원의 말로써 자신들의 동작과 행동이 어색하고 잘못한 것 같다고 생각하는 참가자들의 마음에 용기와 자신감을 불어넣어주어야 합니다.

막대기 균형 잡기 게임

손가락 위 균형 잡기

자신 있는 손가락 위에 막대기를 올려놓고 균형을 이루어 오랜 시간 떨어뜨리지 않는 사람이 승자입니다. 승자를 확실히 가리기 위해서는 앞으로 다섯 발자국, 뒤로 다섯 발자국, 두 바퀴 제자리 돌기 등을 시켜 봅니다. 가장 오래 막대기에 균형을 이루어 세우고 있는 사람이 승리자입니다.

발 위 균형 잡기

막대기를 발 위, 평평한 신발 위에 세우고 땅바닥에서 발을 듭니다.
한쪽 발로 균형을 이루며 막대기가 바닥에 떨어질 때까지 동작을 계속합니다.

제기
차기

둥글게 원으로 서서 제기 차기를 합니다. 이때 제기를 차려고 발을 떼었는데 제기 차기를 하지 못한 사람이 걸리는 것입니다. 한 사람씩 탈락시켜갈 수도 있고, 떨어뜨리지 않고 오래 제기 차기를 하는 사람을 고를 수도 있습니다. 먼저 얼마나 제기를 찰 수 있는지 목표치를 정하고 목표를 이루기 위한 팀워크를 짜세요.

봉투 물기

한쪽 발을 들고 두 손을 뒤로하고 고개를 숙여 땅바닥에 있는 쇼핑용 봉투를 입으로 물어 가는 게임입니다. 봉투를 물어 성공한 사람은 자신이 문 부분을 찢어서 버리고 다시 바닥에 세워 둡니다. 계속 돌아가면서 한 사람씩 실행해 찢어진 봉투가 작아져서 거의 바닥에 닿게 될 때, 그것을 끝까지 입으로 무는 사람이 승리자입니다.

볼 토스
Ball Toss

팀별로 손을 잡고 원형으로 서게 하고 볼 토스를 연습할 수 있는 시간을 3분 정도 준 뒤 비치볼이나 탱탱 볼을 각 팀에게 주어 떨어뜨리지 않고 몇 번을 토스할 수 있는지 실행해보게 합니다. 열 번, 열다섯 번, 스무 번…… 팀원 모두가 마음을 맞추어 강약을 조절하며 열 번 이상을 성공적으로 해내기가 쉽지 않을 것입니다.

자, 모두 원형으로 서서 손을 잡고 볼 토스를 해봅시다. 머리, 발, 함께 잡은 손 모두를 사용할 수 있습니다. 이때, 손을 놓으면 실격입니다.

어떤 작전을 세우겠습니까? 팀별로 여러 가지 방법으로 볼 토스를 하게 됩니다. 하지만 쉽지 않을 것입니다. 구체적인 방법을 위한 토론이 필요합니다. 몇 번이나 볼 토스가 가능합니까?

> **Tip** 이 볼 토스 게임의 핵심은 절대로 손을 놓으면 안 된다는 데 있습니다. 손을 꼭 잡고 볼 토스를 해보면 두 손의 올록볼록한 부분에 공이 맞곤 다른 곳으로 튀어 나가 결국은 발과 머리를 사용하게 됩니다. 각 팀이 내세운 목

표만큼 토스하기가 쉽지 않을 것입니다. 게임을 진행하면서 리더가 나오고, 팀워크를 이루어 강약을 조절하며 모두가 한마음, 한 방향으로 움직여 목표를 이루어나가는 액션 스팟팅입니다.

윗몸 일으키기
Sit-up

둘씩 짝을 지어 윗몸 일으키기를 12회씩 실시해봅시다. 빨리 하지 말고 천천히 일으켰다, 천천히 누우면서 몸에 최대한 많은 힘이 들어가게 해봅시다.

정신적·육체적 피로를 풀어주고 긴장감을 해소시키는 적당한 운동 효과가 있으며, 파트너와 상호 교류하며 친밀감을 형성할 수 있습니다.

학창 시절의 추억을 떠올리게 하는 액션 스팟입니다.

점프 업
Jump-up

　강의나 수업 중에 잠시 일어나 뛰어오르는 액티비티는 스트레칭과 스파팅 효과가 있습니다. 잠시 웜업을 하면서, 목표물을 정해놓고 뛰어오르기를 해봅시다. 몸 전체를 움직여 위를 향해 뛰어오르면서 몸과 마음을 열어봅시다. 조그마한 선물을 목표로 두고 뛰어오르는 높이를 표시한다면 더 좋은 게임이 될 수 있습니다. 사람에게는 누구나 도전하고 싶어 하는 본능이 있습니다.

말 타기 놀이

어린 시절 가족들과 함께하는 놀이에서 빠지지 않았던 것이 바로 말 타기 놀이입니다. 형과 동생이, 아버지와 아들이 가위바위보를 해서 진 사람은 말이 되고 이긴 사람은 등 위로 올라타 방과 마루를 오가며 동물 놀이를 했던 기억을 더듬어 재미있는 액션 스팟 게임을 해봅시다.

진행 방법

참가자 전체가 파트너를 정하고 가위바위보로 진 사람은 말, 이긴 사람은 기수의 역할을 합니다. 기수는 말 등에 올라타 다른 기수들과 인사를 하며 다닙니다. 말들도 주인을 태우고 기수가 이끄는 대로 또는 자신이 가고 싶은 곳으로 돌아다니며 서로 인사를 나눕니다.

> **Tip** 약 1~2분 정도의 말 타기 시간을 준 뒤 말과 기수의 역할을 바꾸어서 진행해보는 것도 좋은 반전이 됩니다.
> 끝나고 몇 가지 질문을 던져보세요.
> "기수 중 자기 몸무게는 생각도 안 하고 두 다리 다 들고 탄 사람 있나요?"

그렇다면 두 사람은 정말 사이가 좋은 관계라 볼 수 있습니다.
친하지 않은 사이라면 절대 두 다리 다 들고 자기 몸무게를 실어서 탈 수 없습니다. 친하기 때문에 말 역할을 하는 파트너가 힘들어도 다 이해해줄 것이라 믿고 마음 놓고 즐길 수 있는 것입니다.
마치 진짜 말을 모는 것처럼 말 엉덩이를 때리며 카우보이나 말몰이꾼의 소리를 흉내 내면서 말 타기 놀이에 몰입하는가 하면, 이런 액션 게임에 적응하지 못하고 파트너의 등 위에도 앉지 못하는 사람들도 있습니다. 재미있는 상황 연출을 통해 사람들의 마음을 열어갈 수 있습니다.

오프닝, 클로징, 동기부여를 위한
영상 스팟

　강의를 하거나 가르치는 사람이라면 동영상을 활용하지 않는 사람이 없습니다. 강의 중 참가자들에게 목표하는 내용을 효과적으로 전달하기 위해서 사용하는 교수 매체 중 하나가 동영상입니다.

　강의 참가자들인 영상 세대들은 스마트폰과 태블릿 PC를 통해 하루 종일 뮤직비디오와 영화 등 동영상을 봅니다. 신문과 잡지를 대체하는 영상과 드라마는 대중들의 삶 속에 깊이 파고들어 일용할 지식이 되어 버렸습니다.

　보통의 세미나나 교육 연수, 수련회에서는 종종 컴퓨터와 빔 프로젝트를 이용한 영상 자료를 강의 중에 사용합니다. 작품성과 대중성이 있는 영화나 연극, 교육 자료용 DVD 같은 영상 자료를 부분 편집해 교육 전이나 도중, 또는 끝마무리에 감동을 주는 분위기 연출과 함께 영상 스팟팅Screen Spotting으로 계획하는 것도 좋습니다.

죽은 시인의 사회
Dead Poets Society

이 순간 최선을 다하라! Carpe Diem!

키팅: '시간이 있을 때 장미 봉오리를 거둬라.^{Gather ye rosebuds while ye may.}' 이걸 라틴어로 표현하면 '카르페 디엠'이지. 이게 무슨 뜻인지 아는 사람?

믹스: '카르페 디엠', 그것은 '현재를 즐기라'는 말입니다.

키팅: '현재를 즐겨라', '시간이 있을 때 장미 봉오리를 거둬라', 왜 시인이 이런 말을 썼지?

찰리: 그건 시인이 성질이 급해서요.

키팅: 아니, 땡! 대답에 응해준 건 고맙네. 왜냐하면 우리는 반드시 죽기 때문이야. 믿거나 말거나. 여기 있는 우리는 모두 언젠가는 숨이 멎고 차가워져서 죽게 되지. [역대 선배들의 사진을 바라보며] 이쪽으로 와서 과거의 얼굴들을 지켜봐라. 여러 번 이 방을 왔어도 유심히 본 적은 없었을 거야. 너희와 별로 다르지 않아, 그렇지? 머리 모양도 같고, 너희처럼 세상을 그들 손에

넣어 위대한 일을 할 거라 믿고, 그들의 눈도 너희들처럼 희망에 가득 차 있어. 하지만 자신의 능력을 발휘할 시기를 놓친 걸까? 왜냐하면 이 사람들은 죽어서 땅에 묻힌 지 오래니까. 하지만 여러분이 잘 들어보면 그들의 속삭임이 들릴 거야. 자, 귀 기울여봐. 들리니? 카르페, 들리나?

학생들: "카르페, 카르페 디엠. 현재를 즐겨라. 인생을 독특하게 살아라."

영화 〈죽은 시인의 사회 Dead Poets Society〉(1989년, 피터 위어 감독)의 한 장면입니다. 많은 강사들이 강의 내용과 연결해 활용하는 유명한 장면이고 저도 좋아하는 말입니다.

키팅 선생이 인용한 시는 '시간을 버는 소녀에게 To the Virgins to Make Much of Time'라는 아주 짧은 시입니다. 한번 같이 읽어봅시다.

> 시간이 있을 때 장미 봉오리를 거둬라.
> 시간은 흘러
> 오늘 핀 꽃은
> 내일이면 질 것이니.

갑자기 엘리너 루스벨트 여사의 말이 생각납니다.

어제는 지나간 역사이고 Yesterday is history,
내일은 알 수 없는 미스터리 Tomorrow is mystery,
다만 주어진 오늘만이 선물이다 and Today is present.

키팅 선생이 오늘, 그리고 지금 나에게 허락된 현재의 삶에 대해 이렇게 이야기하는 것 같습니다.

"카르페 디엠^{carpe diem}. 현재를 즐겨라^{seize the day}. 인생을 독특하게 살아라^{make your lives extraordinary}."

진주만
Pearl Harbor

　일본 해군과 공군의 진주만 기습은 미국의 저항 능력을 초전에 무력화시키기 위한 전술이었습니다. 그런데 루스벨트 대통령이 일본에 선전포고 하려 하자 미 장성들은 지금은 전략적 시기가 아니라는 반응을 보입니다. 진주만 해군기지의 궤멸로 적의 공습에 대한 방공망이 뚫렸으며, 복구는커녕 사망자들의 장례도 치르지 못한 때에 전쟁이 확대되어 일본군이 시카고 등 미국 내륙까지 공습 범위를 넓히는 사태가 벌어지면 어찌하려는 것인지가 미 고위 장성들의 질문이었습니다. 그때 루스벨트 대통령은 불굴의 의지를 보여주기 위해 휠체어에서 일어섭니다.

　"내 앞에서 안 된다는 말, 불가능하다는 말은 하지 마시오."

　대통령이 장애를 딛고 일어서는 모습을 직접 행동으로 보여준 것입니다.

파피용
Papillon

파피용^{스티브 멕퀸}은 포주 살인죄로 무기징역을 선고받고 악명 높은 프랑스령 기아나 형무소에 수감됩니다. 그는 자신의 결백을 주장하지만 아무도 믿어주지 않습니다. 탈주에 필요한 돈을 가진 동료 죄수 루이 드가^{더스틴 호프만}를 만나면서 그는 탈주를 꿈꾸기 시작합니다.

살기 위함이 아닌 한 인간의 기본적인 권리를 위해 탈출을 계획한 것입니다.

그는 꿈속에서 하나님^{Judge}과 대화를 하며 자신은 무죄라고 하나님께 호소합니다. 하지만 하나님은 파피용에게 **인생을 낭비한 것이 바로 유죄**라고 합니다. 그 점에선 파피용도 유죄를 시인합니다.

우린 선생님이 만든 교향곡입니다!
We are your symphony

"선생님은 스스로를 패배자라고 여기실지 모르겠지만 절대 아니에요. 우리들 중에 선생님께서 바꾸어놓지 않은 삶이 있기나 한지 봐보세요. 우린 선생님이 만든 교향곡입니다. 우린 선생님의 삶이 창작한 음악입니다."

영화의 마지막 10분은 감동을 주는 장면으로, 최고의 클로징 영상으로 사용하면 좋습니다.

이 영화의 감독 스티븐 헤렉은, 이 영화가 교사들이 우리의 삶에 끼친 영향에 관한 이야기만은 아니라고 말합니다. 음악에 대한 깊은 열정을 갖고 위대한 교향곡을 작곡하겠다는 포부를 지닌 홀랜드는 생계를 위해 잠시 음악 교사직을 맡습니다. 그러나 본래의 생각과는 달리 그는 30년 동안 음악 교사의 일을 하게 됩니다. 30년 동안 그는 학생들에게 헌신과 열정을 쏟아 음악을 가르쳤습니다. 비록 젊은 시절의 꿈처럼 위대한 교향곡을 만들지는 못했지만, 때로는 견디기 힘든 시련이 닥쳐와도 묵묵히 자신의 소임을 멈추지 않은 그의 삶은 교향곡만큼이나 아름다운 것이었습니다. 드디어 그가 정년퇴임 하는 날, 30년 동안 그에게 음악을 배웠던 수많은 제자들은 고별 콘서트를 준비합니다. 여기에 참석한 제자 거추르랭 지사는 말합니다.

"홀랜드 선생님은 저와 많은 학생들에게 영향을 주셨습니다. 하지만 혹시 후회하실지 모른다는 생각을 했습니다. 선생님은 언제나 부와 명성을 안겨줄 심포니를 작곡하셨죠. 하지만 선생님은 부자도 아니고 이곳에서만 유명할 뿐입니다. 따라서 실패했다고 생각할 수도 있지만……그건 잘못이죠. 왜냐하면 부와 명성을 초월한 성공을 하셨기 때문입니다. 주위를 보세요. 선생님께 영향을 받은 제자들입니다. 선생님 덕분에 모두 훌륭히 성장했습니다. 우리가 선생님의 심포니입니다. 우리가 선생님 작품의 음표이자 음악인 것입니다."

그 밖에도 리더십, 교수법, 커뮤니케이션, 세일즈 등 영상 제목만 검색해도 훌륭한 자료를 얻을 수 있는 자료들이 많이 있습니다. 하지만 영상 스팟은 이미 커팅된 다른 강사의 자료를 얻어서 사용하기보다는 자신이 원작 자료를 본 뒤에 자신의 강의 내용과 대상에 맞게 편집해 사용하는 것이 효과적입니다. 다음 영상들을 검색한 뒤 꼼꼼하게 살펴본다면 더 멋진 강의를 만들어가는 행운이 함께할 것입니다.

영상 스팟
자료 30

리더십 영상

울지 마 톤즈/리멤버 타이탄/제리 맥과이어/패치 애덤스/버킷 리스트/알렉산더/글래디에이터/쉰들러 리스트/마더 테레사/애니 기븐 선데이/존 우든 ^{농구 감독}

교수법 영상

죽은 시인의 사회/빌리 엘리엇/뷰티풀 마인드/최고의 교수/선생님이 달라졌어요 ^{EBS 방영}/더 골 ^{The Goal}/밀리언 달러 베이비/코치 카터/산당 임지호의 방랑 식객

쉬는 시간에 볼 수 있는 영상

앙드레 류/사계/사운드 오브 뮤직/가야금 연주/조지아 해양 수족관/뮤지컬 〈엘리자벳〉 中 김선영-나는 나만의 것/불후의 명곡/금난새, 세이지 오자와/라라랜드/피아노 가이즈^{The Piano Guys}

클로징 스팟
Closing Spot

　많은 사람들 앞에서 강의나 프로그램을 진행하는 사람은 끝마무리로 항상 사용하는 효과적인 종료 기법들을 몇 가지씩 가지고 있습니다. 그때그때의 상황에 따라 적절한 클로징 멘트를 사용하는 것입니다.
　훌륭한 강사나 진행자는 교육생이나 참석자들을 위한 배려로 효과적인 클로징 스팟 기법을 계획해 성공적으로 끝마무리를 합니다.

끝이 좋아야
모든 것이 좋다

어떻게 하면 보다 효과적으로 끝마무리를 할 수 있을까요? 뉴스 앵커들은 클로징 멘트_{Closing ment}를 위해 항상 고민하며 수많은 자료들을 찾아 헤맨다고 합니다. 모든 강의와 모임에서 클로징 멘트나 효과적인 종료를 위한 스팟 하나가 전체를 정리해주며, 의미를 되살려주고 학습자의 기억에 오래 남도록 영향력을 발휘합니다.

여기서는 1~2분 안에 끝내는 스팟 기법과 5분 정도 걸리는 클로징 스팟에 대해서 알아봅시다. 진행자나 강사들은 보통 전체 내용을 강조해줄 수 있는 짤막한 이야기로 마무리를 합니다. 또는 속담이나 격언, 또는 잘 알려진 문구를 인용하면서 끝을 맺기도 하고, 강의 내용이나 학습 상황에 맞는 시를 낭독하면서 끝내거나 주제를 대신해줄 수 있는 예를 들면서 끝을 맺기도 합니다. 왜 이런 시도를 할까요?

왜, 클로징이 중요할까요?

강의는 끝났는데 학습 참가자들이 무엇을 배웠는지 기억을 못 한다면 어떻게 되겠습니까?

《성공하는 사람들의 7가지 습관》 중 두 번째 습관은 '끝을 생각하고 시작하라'입니다. 시작도 중요하지만, 끝은 더 중요합니다. 만남이나 사업이 그렇고, 학습도 그렇습니다.

강의에서도 학습자들의 기억에 오래오래 남을 수 있는 효과적인 종료 기법이 필요합니다.

시간에 쫓겨 제대로 된 마무리에 대한 계획 없이 자칫 뭔가 찜찜하게 아쉬움을 남기며 어수선하게 끝날 수도 있습니다. 학교 수업에서도 진도를 맞추어 열심히 강의했는데 나중에 학생들의 기억에는 아무것도 남지 않고 이해도 잘되지 않았다면 무슨 의미가 있겠습니까?

맵 셰어링 타임을 가져라
MAP Sharing time

MAP^{지도}은 강의 처음부터 학습의 효과적인 진행과 기억력을 높이기 위해 계획된 학습 도구의 하나입니다. MAP은 Magic Action Plan의 약자이기도 합니다. 강의가 끝난 뒤 활용할 액션 플랜, 즉 행동 계획을 세우는 순간 신기하게도 매직이 일어납니다.

맵^{MAP}을 통해 학습자들 간에 3인 학습 효과와 자연스러운 반복 학습의 효과를 이끌어내면서 학습자들 간에 전이 학습 효과를 높입니다.

MAP^{Magic Action Plan}

Do it Now 지금 당장 사용할 수 있는 것	Serendipity 행운을 가져다줄 수 있는 것

맵^{MAP}의 목표는 학습자들이 강의를 들으면서 현장에서 적용하고 삶에서 활용할 수 있는 행동 계획을 세우도록 앞의 시트^{Sheet}를 잘 이용하도록 하는 데 있습니다.

Do it Now 부분에는 지금 당장 사용할 수 있는 자신의 결심이나 약속 같은 행동 계획을 기록하도록 하고, Serendipity 부분에는 지금 당장 깔끔하게 정리가 되어 자신의 삶에 적용하기는 어렵지만 뭔가 나에게 도움을 줄 것 같은 내용들을 잊지 않도록 기록해놓으면 행운 같은 일들이 일어나게 됩니다.

Short-Review & Revisit으로 마무리하라

매시간 클로징을 계획하는 것은 기억 능력을 높이는 데 효과적입니다. 학습 참가자들 간에 끝날 때마다 다양한 방법으로 만나서 학습 능력이 지속적으로 이어지게 하는 좋은 방법들이 있습니다. 강사에게 들은 것을 자신에게 적용해 어떤 결심과 실행 계획을 세웠는지 다른 학습자들을 찾아다니며 서로 공유하게 하는 것도 좋은 클로징의 하나입니다. 또, 강사와 학습자 간에 반복 학습을 위한 짧고 강력한 요약이 필요합니다. 이번 강의를 통해 어떤 내용이 중요한지를 이해하고 넘어갈 수 있는 계획을 짜세요. 맵^{MAP}을 활용할 수도 있고, 포스트잇을 활용해 반복 학습이나 방문 학습을 계획하는 것도 좋습니다.

Q&A 시간을 가져라

질의응답은 강의 마지막 시간에 학습자들이 스스로 정리할 수 있는 시간을 갖도록 해줍니다.

특히 짧은 특강 시간에 일방적으로 전달하는 강의였다면 Q&A는 꼭 필요합니다.

일방적인 강의보다 Q&A를 통해 학습 참가자들의 질문이나 궁금증을 받고 그 질문이나 궁금증을 하나하나 풀어가면서 강의하는 것도 정말 효과적인 명강의가 될 수 있습니다.

먼저, 학습자들에게 강의에서 기대하는 것이 무엇인지, 강의를 통해서 얻고 싶은 것이 무엇인지, 무엇이 가장 궁금한지 질문하게 하세요. 다양한 참가자의 질문을 10~15개 정도 받은 뒤 비슷한 것들끼리 그룹핑을 해서 7~10개 정도의 질문을 가지고 하나하나 그 질문에 대한 강사의 견해를 들려주면서 학습자와 대화 형식으로 강의를 진행해나가는 것도 좋은 방법 중 하나입니다.

명언, 격언, 잠언 등 유명인의 인용구로 마무리하라

사람들은 서로 끓는 온도가 다르다.
― 에머슨

철이 철을 날카롭게 하듯이, 친구가 친구의 얼굴을 빛나게 한다.
― 잠언

인용은 당신의 강의에 권위를 더합니다. 당신이 강조하는 내용이 당신만의 생각이 아니며, 같은 생각과 말을 한 전문가가 있다는 사실을 보여주기 때문입니다.

강의에 참석한 학습자들은 누구입니까? 그들은 누구의 말에 더 신뢰를 갖습니까?

기회가 있을 때마다 좋은 인용 구절들을 모아두는 것도 좋은 방법입니다.

멋진 시구로 마무리하라

학습자들에게 진한 감동을 주는 시詩를 준비하세요.

시詩 낭송을 통해 강의 마무리에 학습자들의 가슴에 잔잔한 여운을 남길 수 있습니다.

더 열심히 그 순간을 사랑할 것을

모든 순간이 다아

꽃봉오리인 것을,

내 열심에 따라 피어날

꽃봉오리인 것을!

— 정현종, 《모든 순간이 꽃봉오리인 것을》 중에서

함께 부를 수 있는
노래와 구호로 마무리하라

함께 손을 잡거나 서로의 얼굴을 볼 수 있도록 우정의 손을 잡고 둥글게 서서 악보 없이도 함께 부를 수 있는 노래로 마무리해봅시다.

꼭 기타를 메고 싱얼롱을 하지 않더라도 MP3 파일이나 뮤직비디오를 통해서 강의 내용과 상황에 맞는 좋은 노래를 선택한다면 모두가 하나 되는 마음과 다짐을 할 수 있는 클로징 세레모니가 될 수 있습니다.

엔딩 세레모니로
서로 축하하고 격려하며 마무리하라

1~2시간의 강의부터 3박 4일의 숙박 프로그램까지 끝마무리를 하는 시간에 꼭 있어야 할 순서는 세레모니 타임입니다. 축하와 격려, 사랑 고백, 다짐, 선언, 회복, 나눔, 용서, 응원, 지지, 코칭, 멘토링 시스템 등등 행동으로 직접 참여해 마무리하게 하는 세심한 배려의 시간입니다.

사명서 Mission Statement, 타임캡슐 Time Capsule, 악수례, 편지 쓰기, 축하 케이크와 즉석 파티, 기념 선물, 허깅, 사진 촬영, 선물 교환, 명함 교환과 함께 커뮤니티를 구성하세요.

밥 파이크 Bob Pike 의 〈창의적 교수법〉 과정에서는 클로징에서 꼭 이루어내야 할 것 세 가지를 말합니다. 첫째는 **액션 플랜** Action Plan 으로 **행동 계획**을 세울 수 있도록 해야 하고, 둘째는 **셀레브레이션** Celebration 으로 참가자들이 **서로 축하와 격려**의 시간을 갖도록 하고, 셋째는 **타이즈 싱즈 투게더** Ties things together 로 **배운 것들을 묶어 서로 연결** 짓도록 하게 하는 것입니다.

그리고 그 결과는 훌륭한 Actor 행동하는 사람, 연기자 가 되게 하라는 것입니다.

마지막 교제와
동료 의식 나누기로 연결하라

가장 좋은 종료는 학습 참여자가 '정말 많이 배웠구나!', '이번 모임에서 좋은 사람들을 많이 사귀어서 감사하다'는 마음과 강사에 대한 신뢰와 감동을 가지고 돌아가도록 하는 것입니다. 학습 내용 못지않게 그 이상의 역량을 갖춘 좋은 사람들을 얻어 돌아간다는 것은 교육이나 세미나에서의 큰 성과입니다. 이제는 공유의 시대를 살아가고 있기 때문입니다.

많은 세미나와 연수 교육들이 종료 시간을 앞두고는 어수선해집니다. 강사는 시간과 내용에 쫓기고, 학습 참여자는 빨리 떠나고 싶고, 진행자는 지쳐 있습니다.

이제까지의 강의 내용을 게임, 퀴즈^{영상}, 마인드맵, 보물찾기, 아이쇼핑 등으로 다른 팀과 교제하며 정리할 수 있게 계획을 세운다면 세미나와 교육에 대한 풍성한 느낌을 가지고 돌아갈 수 있을 것입니다.

종료를 위한
Good Idea 하나!

〈창의적 교수법〉 전문가인 밥 파이크의 창의적 강의 기법에 대한 세미나에 참석한 적이 있었습니다.

2일 동안 테이블 리더로 자원한 사람, 강사를 도와 앞에 나와서 플립차트에 기록한 사람, 강사의 질문에 대답한 사람, 퀴즈에서 끝까지 남은 사람들에게 밥 파이크는 흙이 묻어 있는 큰 감자 하나를 던져주었습니다. 기업 교육 전문가나 대학 교수, 사회단체나 기관 프로그램 담당자들은 그 의미를 모르고 "웬 감자" 하면서 받아가지고 있었습니다. 창의적이고 새로운 강의 기법에 대한 열강 속에 감자에 대한 생각이 잊힐 즈음 마지막 시간을 얼마 안 남겨두고 밥 파이크는 감자를 선물로 받은 사람들을 모두 앞으로 불렀습니다.

많은 사람 앞에 선 그들에게 밥 파이크가 음료용 빨대를 하나씩 주며 이제까지의 강의 내용을 누구에게 가르치고 싶은지, 어떻게 적용할 수 있는지 물어보고, 여러분 모두는 훌륭한 강사가 될 수 있다는 말과 함께 그것이 맞는지 아닌지를 보자며, 그 빨대를 그 큰 감자를 향해 세게 내리꽂으면 빨대가 감자를 관통해 구멍이 날 것이라고 말했습니다. 그리고 그 말을 믿는 사람은 틀림없이 그렇게 할 수 있다고 했습니다.

사람들은 과연 그게 가능할까,라고 생각했고, 대부분의 사람들은 불가능하다고 생각하며 구경했습니다. 선물로 감자를 받았던 10여 명 모두가 그 큰 감자에 음료용 빨대를 내리꽂고 신기해하며 그 의미를 새겼습니다. 많은 사람들이 이 클로징 스팟 기법을 새로운 아이디어로 받아들이며 이야기를 나누었습니다.

그 후로 몇몇 프로그램에서 이 방법을 마지막 프로그램으로 사용하며 학습 참가자들에게 자신감을 갖도록 동기부여를 했습니다. 그리고 학습 참여자들에게 지금까지 배운 내용을 성공적으로 활용, 적용하며 살기를 바라는 의미의 클로징 멘트를 했습니다. 모두가 함께 박수를 치는 분위기 속에서 끝마무리를 할 수 있었습니다.

이는 상황에 따라 활용할 수 있는 좋은 프로그램입니다. 강사 자신이 먼저 연습을 충분히 해본 뒤에 시도한다면 좋은 결과를 얻을 수 있을 것입니다.

> **Tip** 효과적인 오프닝과 창의적인 아이디어로 종료(클로징)하기 위한 새롭고 다양한 방법들을 원한다면 밥 파이크의 《창의적 교수법》을 읽어보기를 권합니다.

자기 달성적인 정리를 위한
종료 게임

목표: 어떤 교육에서든 전달된 주요한 개념들을 강사나 교육담당 진행자가 일방적으로 요약 정리하기보다는 다음과 같은 간단한 게임을 통해 좀 더 효과적으로 요약 정리할 수 있습니다.

소요 시간: 5~10분

준비물: 화이트보드 또는 플립차트, 보드 마커 또는 굵은 수성 펜

진행 방법
1. 먼저 5~6개로 나뉜 그룹에 준비된 정리 정돈용 카드를 10개씩 나누어줍니다.
2. 전체 교육 과정을 정리하기 전에 강사나 진행자는 교육 과정에서 언급되었던 주요 개념 및 용어들의 정의가 기록된 50개 내외의 명함 크기 카드를 준비합니다.

3. 그리고 각 사람에게 10장의 빈 카드를 나누어줍니다.

4. 진행 강사는 임의로 한 그룹을 지정해 받은 빈 카드에 진행자가 불러주는 몇 개의 개념 및 용어의 정의를 적도록 합니다.

5. 모두 적은 뒤 카드를 모아 다른 그룹에 주고 가장 잘 정의된 것이라 생각되는 것을 읽도록 합니다.

6. 이런 식으로 각 그룹을 돌아가며 스스로 정리할 수 있도록 진행합니다.

7. 각 그룹에서 가장 정의가 잘된 것을 읽을 때, 그 작성자에게 간단한 선물을 주도록 합니다.

> **Tip** 이 게임은 어떤 교육 과정이 시작되기 전에 효과적인 아이스브레이크를 위해 사용할 수도 있습니다.

헹가래로 응원과 감동의 시간을 만들어라

목표: 모든 프로그램의 마지막 시간에 팀별, 또는 그룹별로 서로 축하와 격려 그리고 하나 됨을 위해 한 사람씩 원 안으로 들어가 헹가래 치며 팀원 간의 연합을 더하는 감동의 시간 만드는 것입니다.

진행 방법

1. 헹가래 칠 사람을 들어 올릴 때는 상체부터 듭니다.
2. 팀원들 전체가 힘을 하나로 모아 들어 올려 수평을 맞춘 뒤 구령을 붙여 헹가래를 칩니다.
3. 한 사람당 세 번씩 헹가래를 칩니다.
4. 이때, 진행자는 팀원들 주위에서 만일의 사고에 대비해 안전을 확보합니다.
5. 마무리가 중요합니다. 착지할 때, 다리부터 내려놓고 안전하게 설 때까지 분위기가 흐트러지지 않도록 지도합니다.
6. 헹가래를 마칠 때마다 팀원들은 간단한 격려와 축복의 말을 해줍니다.

"넌 할 수 있어!"

"그래, 네가 최고야!"

"사랑합니다!"

Tip 안전사고의 위험을 알리고 절대로 장난치지 말라고 강조합니다.

목표가 보이는가?

목표: 모든 모임과 강의에는 '목표'가 있습니다. 모든 순서가 끝난 뒤, 목표에 대한 중요성을 다시 한 번 설명하면서 전체 참가자들에게 일어서라고 요청합니다.

소요 시간: 5~10분

준비물: 화이트보드 또는 플립차트, 보드 마커 또는 굵은 수성 펜

진행 방법

1. 모두 일어서서 양손을 들고 가볍게 몸을 흔들게 합니다.
2. 일명 '학다리 권법'을 가르쳐준다고 하며 양팔을 벌리고 한쪽 다리로 서도록 합니다.
3. 첫 번째 방법은 모두 눈을 감고 양팔을 벌리고 한쪽 다리로 서도록 합니다. 20초 정도 이때, 참가자들의 70~80%가 균형을 잃고 흔들거리

거나 한쪽 다리로 서 있는 것에 실패합니다. 다시 시도하며 20초를 더 하지만, 균형을 잡으려고 애쓸수록 더 비틀거리게 됩니다.

4. 20초가 지난 다음, 모두 간단하게 몸을 풀게 한 뒤, 다시 한 번 해보자고 하면서 두 번째 방법을 실시합니다.

5. 이번에는 양팔을 벌리고 한쪽 다리로 서는데, 두 눈을 감지 않습니다.[20초] 95% 이상의 사람들이 전혀 흔들림 없이 20초 동안 서 있습니다. 참여자들 스스로도 어떻게 이렇게 신기할 정도로 흔들리지 않느냐고 묻습니다.

6. 두 가지 방법의 체험적인 결과에 대해 진행자는 멘트를 합니다.

"왜, 처음 방법에서는 균형을 잃고 흔들렸습니까?"

여기저기서 바로 이런 대답을 합니다.

"눈에 뵈는 게 없어서 그랬죠!"

"정확하게 맞는 말입니다. 그런데 두 번째 할 때는 왜 안 흔들렸죠?"

자신들이 직접 체험해본 스팟 게임이기에 목표의 중요성을 몸으로 깨닫게 되는 것입니다.

> **Tip** 진행자는 '목표가 있고 없고[보이고, 안 보이고]의 차이점, 즉 목표를 말하고 있는지, 목표를 상상하면서 목표를 기록하고 있는지의 중요성'을 다시 한 번 설명하며, 학습자들에게 다음과 같은 클로징 멘트로 마무리합니다.
> "지금 어떤 목표에 집중하고, 어떤 강한 목표 의식을 가지고 살아가고 있습니까?"

원 밖에 있는 나,
원 안에 있는 우리

모든 프로그램이 끝나갈 무렵 어떻게 마무리를 할까, 하고 계획한다면 원 안에서 하나 된 우리의 모습을 발견할 수 있는 의미 있고 감동적인 클로징 스팟을 실행해봅시다.

진행 방법
1. 참가자 전원이 하나의 원을 만들고 안쪽을 보고 섭니다.
2. 자신의 양손을 한 사람 건너 그다음 사람의 배 앞쪽으로 내밉니다.
3. 모든 참가자들이 이 같은 방법으로 손을 잡고 하나의 원을 만듭니다.
4. 모두에게 '자신이 원 안에 있는지, 원 밖에 있는지'를 물어봅니다.
5. 원 밖에 있는 나와 우리가 원 안에 들어올 수 있는 방법을 찾으라고 말합니다.
6. 각 개인들이 여러 가지 이야기와 행동을 해보지만, 참가자 전원이 똑같은 하나의 방법을 사용해야 원 안에 모두가 들어갈 수 있다고 말하고, 잡고 있는 손을 위로 들어 머리 뒤로 넘기라고 말합니다.

유연성 부족으로 잠시 어수선함이 있을 수 있습니다.

7. 한 번의 동작으로 원 밖에 있던 모든 사람들이 원 안으로 들어와 있는 모습을 보며 기뻐합니다.

8. 팀빌딩, 하나 됨, 감동, 기쁨, 즐거움, 시너지를 체험하는 종료 시간이 될 것입니다.

9. 이때, 의미 있고 감동적인 짧은 멘트나 격언, 속담 하나가 훌륭한 클로징 스팟이 됩니다.

아직 나에게는
○○○이 있습니다

今臣戰船 尚有十二 금신전선 상유십이

아직 신에게는 전선 12척이 있으니……

必生卽死 死必卽生 필생즉사 사필즉생

죽고자 하면 살 것이요, 살고자 하면 죽을 것이다.

명량대첩에서 승리를 이끌어낸 이순신 장군의 "아직 신에게는 전선 12척이 있으니……"라는 말을 응용해 강의의 마무리에 팀별로 둘러앉아 한 사람씩 돌아가면서 클로징 멘트를 나누어봅시다.

"아직 나에게는 <u>기회</u>가 있습니다."
"아직 나에게는 <u>열정</u>이 있습니다."
"아직 나에게는 <u>젊음</u>이 있습니다."
"아직 나에게는 <u>가족</u>이 있습니다."
"아직 나에게는 <u>?</u>이 있습니다."

이렇게 한 사람씩 자신에게 무엇이 있는지를 이야기하면서 박수를 쳐주고 있을 때, "아직 나에게는 땅이 있습니다"와 같은 재치 있는 답이 나와 전체를 웃음바다로 만들기도 합니다.

서로서로를 지지하고 응원하는 박수를 쳐주며 자신에게 무엇이 남아 있는지 말하면서 가장 소중하고 가치 있는 것들이 솟아나오기도 합니다.

자신에게 무엇이 남아 있는지 찾아보고 자신 있게 선언해봅시다.

아직 나에게는 해야 할 일[사명]**이 남아 있습니다!**

스몰토크로
마무리하라

지난 6년 동안 하나은행에서 CS캠프와 긍정캠프를 1박 2일로 진행해 오면서 참석했던 수많은 사람들을 서비스 리더로 다짐하게 하고 감동스럽게 캠프를 마무리했던, CS아카데미 이지현 팀장의 클로징을 위한 스몰토크 '희희낙락'을 소개하면서 101번째 스팟을 정리하겠습니다.

신입 직원들의 연수를 준비하기 위해서 연수원 책상을 정리하고 있을 때 얼마 전에 CS 담당 부서장으로 발령 임명장을 주셨던 은행장님께서 강의실에 들어오시면서 제게 질문을 하셨습니다.
"이 부장, CS가 무엇이라고 생각하나요?"
은행에 입사하면서 늘 들었지만 은행장님께서 갑자기 질문하시니 머리가 하얘지면서 아무런 생각이 떠오르지 않았습니다. 그래서 은행장님께 "행장님께서는 CS가 무엇이라고 생각하세요?"라고 여쭈어보았습니다.
행장님께서는 화이트보드에 희희낙락喜喜樂樂이라는 사자성어를 쓰시고는 희희낙락에 담긴 CS의 의미를 이렇게 설명해주셨습니다.

"할머니께서 출출하신 거야. 그래서 평소 좋아하시는 잘 익은 홍시를 꺼내서 한입 베어 드셨지. 그 홍시의 달콤하고 부드러운 맛을 느끼시면서 기분이 좋아지시는 것이 바로 '희'야. 홍시를 한입 더 베어 드신 할머니께서 시계를 보니 손주가 학교 갔다 올 시간이 된 거지. 그래서 홍시를 더 드시지 않고 손주가 오기를 기다리시지. 학교 갔다 온 손주는 할머니께서 주시는 그 홍시를 아주 맛있게 먹는 거지. 연신 엄지손가락을 추켜세우며 "할머니 짱!"이라고 말하면서 말이야. 그때 할머니 마음은 어떠셨을까? 할머니께 먹어보란 말도 없이 홍시를 다 먹고 있는 그 손주를 미워하셨을까? 아니지. 그 손주를 보면서 할머니 마음에 드는 생각이 바로 '락'이지. 사랑하는 손주의 모습을 보고 있는 그 마음이 당신이 드시는 것보다 더 행복한, 그러니까 '희'보다 더 큰 '락'이라는 거지."

그때 갑자기 아하~ 하는 마음으로 깨달음을 얻었고, 1박 2일의 직원 연수를 마치면서 항상 피드백을 할 때 이 스토리텔링으로 CS캠프를 정리했습니다. 그러면서 모두 "Your happiness, my pleasure!"를 한목소리로 외치고 마치게 되었습니다.

19년 동안 기업 교육을 하면서 강의를 통째로 맡아 진행했던 경험에 비추어 1박 2일의 프로그램을 진행하면서 순간순간 맞닥뜨린 여러 상황에 잘 대처하고, 자기 조직문화에 맞게 모든 프로그램을 개선해나가며 참석한 직원들을 맞이하고 섬기는 이지현 팀장의 모습이 참으로 신선했습니다.

최소의 비용으로 최상의 경험과 최고의 성과를 가능하게 하기 위해 연수원 구석구석을 활용하고, 풍성한 프로그램을 참석자들에게 삶과 행동으로 보여주었던, 많은 기억과 추억이 담겨 있는 6년 동안의 시간에 감사합니다.

　한 사람, 한 사람의 마음속에 울림과 떨림 그리고 다시 이 기쁨과 섬김을 받은 데 대해 감사함을 가지고 현장에 나가서 그렇게 희희낙락 CS를 실천하겠다는 다짐으로 손님의 기쁨, 그 하나를 위해 애쓴 CS팀 리더 모두에게 세렌디피티^{Serendipity}의 행운과 행복이 함께할 것을 기대합니다.

추천의 글

|

가르치는 모든 전문가들을 위한 필수 가이드북

이영민 저자가 뜨는 곳에는 뭔가 재미난 일이 일어날 것 같은 기분 좋은 흥분이 따라온다. 그가 창의적 교수법을 배우고 적용하고 정리해 온 스팟 전도사이기 때문이기도 하지만, 더 근본적으로는 그 자신의 호기심과 열정이 대단하기 때문이다. 저자는 뭔가를 재미있게 가르치고 나누는 데서 즐거움을 발견하는 사람이다. 그래서 나를 포함해서, 나름 자기 분야의 전문가라는 사람들도 그에게 기꺼이 교수법을 배운다. 그것도 웃고 떠들면서 즐겁게 말이다.

대학에서 요즘 학생을 가르치는 것은 쉽지 않은 도전이다. 젊은이들은 멀티태스킹에 익숙하고 빠른 장면 전환과 스피드, 유머에 익숙한 세대다. 지루한 것을 참지 못한다. 그렇다고 배움에 대한 의지가 없는 것은 아니다. 다만 배우는 방법이 다를 뿐이다. 이 젊은이들을 어떻게 주의 집중시키고 가르칠까?

조직의 관리자들도 지속적으로 배워야 한다. 그래서 기업은 구성원들의 역량 향상을 위해 교육과 코칭 등 개발 기회를 제공한다. 하지만 이들은 당장 처리해야 급한 일들과 상사 등 이해 당사자들에게서 받는 압박이 마음에서 떠나지 않은 상태에서 교육에 참여한다. 어떻게 하면 이들에게 교육이 또 하나의 부담스러운 과업이 아니라 즐거운 체험이 되게 할 것인가?

한번 배운 내용을 오래 기억하고, 돌아가서도 삶에 적용하게 하려면 교육이 어떠해야 할까? 이 책은 이런 바람을 실현하는 데 아주 유용한 가이드를 제공한다. 어떤 내용이든 즐겁게 참여하면서 몸으로 익히게 하는 것이 스팟의 용도이기 때문이다. 모든 교사와 강사, 코치들이 바라는 것은 바로 참가자들이 잘 배우고 현실에 적용하는 것이 아니겠는가. 청중의 마음을 사로잡는 테크닉과 도구를 제공하는 스팟을 배워서 수업에, 강의에, 코칭에 적용하면 큰 도움이 될 것이다. 저자의 노하우를 한 권으로 정리한 이 책이 가르치는 모든 전문가들의 훌륭한 지침서라 믿어 의심치 않는다.

고현숙 국민대학교 경영학부 교수, 코칭경영원 대표 코치

Korea Leadership Center
KLC 한국리더십센터

한국리더십센터 www.eklc.co.kr
- 성과 향상을 위한 맞춤형 HR Total Solution 제공
- 세계적으로 검증된 리더십, 실행력, 소통 교육 프로그램
- 회사별 교육 과정 개발, 핵심 역량 진단, HR 컨설팅

한국리더십센터 그룹(KL 그룹)

Korea Junior Leadership Center
KJLC 한국청소년리더십센터

한국청소년리더십센터 http://www.kjlc.co.kr
- 세계적으로 검증된 국내 유일 명품 리더십 프로그램 제공
- 체험을 통해 깨달음과 재미를 동시에 얻는 참여형 프로그램
- 학교와 교사, 학생, 학부모를 위한 맞춤형 프로그램 제공

한국코칭센터;
greatness in you

한국코칭센터 http://www.koreacoach.com
- 세계인이 인정한 코칭 교육 프로그램 제공
- 비즈니스, 라이프 등 전문코치 양성
- 임직원 및 개인 대상의 1:1, 그룹, 팀코칭 서비스

Korea Learning Resort
KLR 한국러닝리조트

한국러닝리조트 http://resort.eklc.co.kr/
- 배움과 성장을 목적으로 하는 국내 최초 학습 리조트
- 용이한 접근성(경기도 안성)과 쾌적한 자연 환경 보유
- 최적화된 전사 및 팀 워크숍 장소 대관 가능

마음을 열고 분위기를 살리는
아이스브레이크 101

"강의, 수업, 프레젠테이션을 하는 강사들에게 가장 중요한 것은 무엇일까요?"
- 학습 참가자와 효과적인 관계 형성을 위한 오프닝 아이스브레이킹
- 학습 촉진과 동기유발을 위한 퍼실리테이팅의 기술, 아이스브레이킹
- 어떻게 감동적이고 의미 있게 클로징할 것인가?

참여식 수업을 위한 다양한 교수법이 여전히 이론과 설명으로 좌뇌 중심이라면, 강사를 살리는 아이스브레이크 101은 교수설계이론을 접목시킨, 다양한 장소성에 어울리는 우뇌 중심의 창의적 액션러닝 교수법입니다.

학습 대상

1. 한 학기 수업을 다양한 퍼포먼스로 진행하기 원하는 초·중·고 교사, 교수, 강사
2. 프리랜서 서비스 강사와 리더십 특강 강사들
3. 아침조회를 진행하는 지점장, CS 리더를 위한 아이스브레이킹
4. 빈번한 회의 운영과 미팅을 이끌어가는 퍼실리테이터들을 위한 아이스브레이킹
5. 청중, 고객 앞에 서서 자주 프레젠테이션을 하여 다양한 아이스브레이킹 아이디어가 필요한 분들

학습 효과

1. 이미 강의를 시작한 분들을 위한 아이스브레이킹의 A to Z를 경험하는 시간을 통해 자신만의 강의 완성도를 높인다.
2. 강의를 시작하려는 분들을 위한 아이스브레이킹 Data Bank 아이디어를 경험한다.
3. 액티브한 아침조회와 재미있는 미팅을 진행할 수 있다.

커리큘럼

1. 아이스브레이커 ICEBREAKer가 되어라.
2. 강의를 효과적으로 여는 오프닝 기술, 아이스브레이킹
3. 강의 촉진과 동기유발을 위한 퍼실리테이닝의 기술, 아이스브레이킹
4. 감동적이고 의미있는 클로징의 기술, 아이스브레이킹

교육 과정 문의

02-2106-4000 | synergy_group@eklc.co.kr
창의적 액션러닝 교수법 Creative Action Learning의 세계로 초대합니다!